GUIDE PRATIQUE

DU

GARDE-CHAMPÊTRE

CONTENANT

Plus de cent modèles de procès-verbaux, avec l'explication méthodique de tous les cas de contravention en matière de police rurale

PAR

HALLEZ-D'ARROS

Ancien Secrétaire Général de Préfecture,
Auteur du *Guide Général du Maire et du Secrétaire de Mairie.*

DEUXIÈME ÉDITION.

Prix : 1f, 75.

PARIS

BORRANI, ÉDITEUR, RUE DES SAINTS-PÈRES, 9.

GUIDE PRATIQUE

DU

GARDE-CHAMPÊTRE.

DU MÊME AUTEUR :

GUIDE GÉNÉRAL DU MAIRE

ET DU

SECRÉTAIRE DE MAIRIE

CONTENANT :

1° L'Analyse détaillée des *Devoirs et des Attributions des Maires.*

2° Un Manuel de l'*Officier de l'état civil*, suivi d'une collection de modèles d'actes pour tous les cas qui peuvent se présenter. (Cette partie de l'ouvrage comprend à elle seule plus de cent pages et forme un travail complet qui a reçu la sanction officielle de la chancellerie.)

3° Un *Formulaire raisonné* de toutes les pièces à rédiger par les administrations municipales, telles que : certificats, arrêtés de police, procès-verbaux, mandats, délibérations du Conseil municipal, registres, etc., avec l'indication de la marche à suivre pour l'instruction de toutes les affaires.

4° Un *Calendrier municipal*, ou tableau synoptique des travaux journaliers des mairies, au niveau des instructions ministérielles les plus récentes.

TROISIÈME ÉDITION

Entièrement refondue et considérablement augmentée.

UN FORT VOL. IN-12. — PRIX : 2 fr. 50.

Ce livre est à la fois le plus pratique, le plus complet et le moins coûteux de tous les ouvrages du même genre.

AGRICULTURE PRIMAIRE

OU

LA SCIENCE AGRICOLE MISE A LA PORTÉE DE TOUS LES AGES

A l'usage des écoles rurales.

UN JOLI VOL. CART. — PRIX : 60 CENT.

Chez Borrani, Éditeur, rue des Saints-Pères, 9,
et chez tous les libraires.

Metz. — Typographie de J. Verronnais.

GUIDE PRATIQUE

DU

GARDE-CHAMPÊTRE

PAR

HALLEZ-D'ARROS

Ancien Secrétaire Général de Préfecture,
Auteur du *Guide Général du Maire et du Secrétaire de Mairie.*

DEUXIÈME ÉDITION.

PARIS

BORRANI, Éditeur,
Rue des Saints-Pères, 9.

PAUL DUPONT,
Rue de Grenelle-St-Honoré, 45

1858.

AVIS DE L'ÉDITEUR.

Pour faire apprécier le but et l'utilité de ce livre, nous croyons devoir reproduire les témoignages flatteurs dont il a été l'objet de la part des hommes les plus compétents pour le juger.

Extrait du compte-rendu publié dans le Bulletin académique de la Moselle, par M. Salmon.

« ..... C'est un peu le hasard et beaucoup les circonstances et les besoins de la vie qui font les gardes-champêtres. Presque toujours les sujets le deviennent du jour au lendemain : il faut dès-lors qu'ils improvisent leur science comme on les a improvisés eux-mêmes. M. Hallez-d'Arros vient à leur secours ; dans un langage simple, net, précis, à la portée des intelligences les moins exercées, il leur fait connaître leurs diverses attributions, soit comme officiers de police judiciaire, soit comme fonctionnaires chargés de la conservation des propriétés, soit même comme préposés, par des commissions spéciales, au maintien de la tranquillité publique et à l'exercice de la police locale. On le pense bien, il énonce, il ne discute point ; c'est ici le moyen de se faire lire et de se faire comprendre. Son exposé est parfaitement méthodique et clair. Pour être bref, il n'en est pas moins complet et substantiel : en quelques pages il dit tout ce qu'un garde-champêtre a besoin de savoir pour bien remplir ses fonctions, et il suffira au moins lettré de se l'entendre lire pour se l'approprier dans une suffisante mesure.

» M. Hallez-d'Arros n'a pas oublié ce qu'il a fait pour les officiers de l'état civil et pour les secrétaires de mairie; il s'est rappelé que le plus difficile peut-être, pour le garde-champêtre comme pour ces fonctionnaires, n'est pas d'acquérir de saines notions de ses attributions et d'obéir au sentiment du devoir, mais de traduire son accomplissement en fait par la rédaction d'un procès-verbal; ici il leur est encore venu en aide, en plaçant, à la suite de son exposé didactique, une collection de plus de cent formules ou modèles de procès-verbaux.

» Ce recueil est, à la fois, si complet et si varié qu'il n'est guère possible de se faire l'idée d'un cas qui ne rentre point dans l'un de ceux qu'il a ainsi prévus, et qu'en ouvrant son livre, le garde-champêtre est sûr de mettre, à l'instant, la main sur le modèle dont il a besoin et dans lequel il n'a plus, en le copiant, qu'à introduire une date, le nom d'un délinquant et le simple énoncé d'un fait vulgaire, pour avoir son propre procès-verbal parfaitement rédigé et dressé.

» La publication de son *Guide pratique du Garde-champêtre* est donc un nouveau service que M. Hallez-d'Arros vient de rendre à l'administration municipale; mais, pour que tous en profitent, il serait à désirer que les communes fissent, sur les fonds de la caisse municipale, l'acquisition d'un livre si utile, et que ce livre imprimé sur papier fort, solidement cartonné et soigneusement conservé, grâce à la surveillance du maire, se transmît fidèlement de garde-champêtre en garde-champêtre et servît ainsi, de longues années, à leur instruction et à leur uniforme direction. »

» SALMON,

» *Avocat général à la Cour impériale de Metz.* »

Rapport fait au Comice agricole de Metz, par M. Huot, Conseiller à la Cour impériale.

L'ouvrage de M. Hallez-d'Arros est divisé en deux parties :

La première traite des attributions des gardes-champêtres de leurs devoirs et du traitement auquel ils ont droit ; de leurs relations avec les différentes branches de service et les autorités.

La seconde donne un modèle de procès-verbal pour chaque espèce de contravention.

Il suffit d'énoncer ces simples divisions pour faire comprendre de quelle utilité peut être l'ouvrage de M. d'Arros.

Les gardes-champêtres et les maires y trouveront des indications certaines et précises pour la constatation des diverses contraventions ; l'usage pratique du Guide préviendra les abstentions produites par l'ignorance, et ces nullités de procès-verbaux plus fâcheuses encore en ce qu'elles révèlent dans l'autorité une impuissance qui nuit à sa considération.

Les propriétaires, les cultivateurs apprendront à connaître quels sont leurs devoirs, quels sont leurs droits. Il est une foule de contraventions dans lesquelles on peut tomber sans s'en douter ; il n'est plus permis aujourd'hui d'ignorer ce qui est défendu ; si cette ignorance vient du citoyen, elle l'expose, si elle vient du fonctionnaire elle le compromet autant vis-à-vis de ses supérieurs que vis-à-vis ceux dont il doit défendre les droits.

Ces contraventions généralement ignorées sont plus nombreuses qu'on ne le croit.

Je citerai les contraventions en matière d'affiches, les précautions à prendre pour les animaux infectés, les dépôts sur la voie publique, les questions sur le parcours et la vaine pâture, celles sur la police des routes, et beaucoup d'autres que les limites que je dois m'imposer m'interdisent de citer.

Dans toutes les questions qui présentent des difficultés, l'auteur a accompagné son texte de notes explicatives fortifiées par des autorités qui ne laissent aucun doute dans l'esprit.

Ce petit ouvrage est entièrement pratique; il a dû demander un travail patient et consciencieux. Nous le recommandons à l'attention du Comice : il serait utile à tous, mais nous le croyons indispensable aux maires et aux gardes des communes rurales; nous proposons au Comice de prier M. le Préfet d'en faire l'envoi dans toutes les communes du département.

Metz, 25 janvier 1857.

Extrait du Bulletin officiel du MINISTÈRE DE L'INTÉRIEUR (1857. — N° 2).

« Cet ouvrage, qui pour être bref n'en n'est pas moins complet et substantiel, enseigne aux gardes-champêtres leurs attributions, soit comme officier de police judiciaire, soit comme fonctionnaires chargés de la conservation des propriétés, soit même comme préposés, par des commissions spéciales, au maintien de la tranquillité publique et à l'exercice de la police locale. Dans un langage précis, clair et à la portée des intelligences les moins exercées, l'auteur expose en quelques pages tout ce qu'un garde-champêtre doit savoir pour bien remplir ses fonctions; il en facilite surtout l'accomplissement au moyen d'une collection de modèles de procès-verbaux qui répondent à tous les cas prévus. »

PRÉFACE.

Nos premiers efforts pour populariser la science administrative ayant été couronnés d'un succès qui a dépassé nos espérances, nous considérons comme un devoir de déférer à de bienveillants conseils en faisant pour les gardes-champêtres ce que nous avons fait pour les maires et pour les secrétaires de mairie.

Comme notre premier ouvrage, ce petit livre est essentiellement pratique.

Nous l'avons écrit sous une préoccupation exclusive : celle de nous mettre constamment *à la portée* de ces modestes agents chez qui la plus précieuse de toutes les qualités, le sentiment du devoir, domine trop souvent l'avantage de la science.

Nous avions remarqué, dans le cours de notre carrière administrative, que c'est à cette dernière cause que doit être attribuée, dans la plupart des communes rurales, l'impuissance de l'administration pour la complète exécution des règlements de police.

Nombre de délits passent inaperçus faute de connaissance des principes légaux chez ceux qui sont appelés à constater ces délits.

Nombre de procès-verbaux sont annulés par l'ignorance des formes légales de la part de ceux qui sont chargés de les dresser.

Or, ce n'est pas avec des ouvrages théoriques qu'on remédiera à cet état de choses; ce n'est pas dans des développements plus ou moins méthodiques sur notre droit criminel, ni dans des recueils de lois, que les gardes-champêtres seront capables de trouver un auxiliaire à leur bonne volonté et de démêler une ligne de conduite.

Pour les instruire il faut faire la part de leur instruction première; c'est la rédaction qui en général leur offre le plus de difficultés; le moyen le plus sûr d'assurer la régularité de leurs actes, c'est de leur tracer directement la besogne en leur tenant pour ainsi dire la plume.

Telle est l'idée qui a dicté notre plan.

La première partie de ce manuel contient, sous une forme substantielle, les notions les plus indispensables sur les devoirs et les attributions des gardes-champêtres, sur leurs rapports de service avec les diverses autorités, enfin sur les formalités requises pour la régularité de leurs procès-verbaux et des divers actes que comporte l'exercice de leurs fonctions.

La seconde partie forme une sorte de dictionnaire comprenant une série de modèles de procès-verbaux par ordre alphabétique de matières. Des notes placées au bas de chaque article indiquent, d'une manière précise, les différents cas de contravention, les peines attachées à chaque délit, les dispositions légales qui sont applicables, enfin l'autorité chargée de donner suite aux procès-verbaux.

Dans la rédaction des formules que nous proposons, nous avons eu soin de nous affranchir des détails oiseux et des locutions surannées qui entachent, par tradition, le style des actes de cette nature. Il nous a semblé qu'un procès-verbal pouvait être précis et complet sans cesser d'être écrit en français; aussi avons-nous, sans scrupule, banni les expressions du genre de celles-ci: *de tout quoi; de ce que dessus* nous avons dressé le présent qui a été *clôturé*, etc.

Malgré notre désir d'offrir aux gardes-champêtres une rédaction toute faite pour tous leurs procès-verbaux, il nous a été impossible, et il eût été presque puéril de rédiger autant de formules qu'il existe de cas particuliers de contravention. Mais tous ces cas ont été énumérés avec le plus grand soin dans les notes, et il sera toujours facile avec la moindre intelligence d'y adapter un des modèles qui figurent à chaque article.

Un espoir nous a soutenu dans le travail fastidieux auquel il a fallu nous livrer, c'est qu'il pourra en résulter plus d'exactitude et d'ensemble dans l'exécution des lois de police et par conséquent une garantie nouvelle pour la sécurité publique.

DIVISION DE L'OUVRAGE.

PREMIÈRE PARTIE.

DEUXIÈME PARTIE.

PREMIÈRE PARTIE.

CHAPITRE PREMIER.

Des attributions des gardes-champêtres.

Les gardes-champêtres sont investis d'un double mandat :

1° Comme *gardes-champêtres* ils sont chargés de veiller à la conservation des propriétés rurales et des récoltes de toutes natures ;

2° Comme *officiers de police judiciaire* leur principal devoir est de concourir au maintien de la sécurité publique. En cette dernière qualité, ils dépendent du procureur impérial, sans préjudice de leur subordination au maire.

Ils sont en outre généralement commissionnés en qualité d'*appariteurs* ou agents de police assermentés, à l'effet de pouvoir valablement constater, par des procès-verbaux, les délits et les contraventions relatifs aux règlements de la police municipale.

A ces divers titres, ils ont pour mission :

De veiller à la conservation de toutes les propriétés qui sont sous la foi publique ;

De rechercher les malfaiteurs, vagabonds, déserteurs et autres individus dont les signalements leur seront transmis par les Maires ou par la Gendarmerie;

D'arrêter et de conduire devant le Juge de paix ou le Maire, tout individu surpris en flagrant délit d'un crime ou délit emportant la peine de l'emprisonnement;

De rechercher, dans le territoire pour lequel ils auront été assermentés, les délits et contraventions contre les propriétés;

De signaler au Maire, au Commissaire de police et à la Gendarmerie, les crimes, délits et contraventions de toute nature qui parviendraient à leur connaissance, en quelque lieu qu'ils aient été commis;

De rétablir l'ordre et la tranquillité partout où ils seraient troublés ou menacés, et de faire des rapports contre les perturbateurs du repos public;

De constater les délits de chasse, de pêche; les délits et les contraventions en matière de douanes, de contributions indirectes, de police du roulage et de voirie, etc.;

De veiller à l'exécution des arrêtés de l'autorité supérieure et de l'autorité municipale;

D'adresser leurs procès-verbaux, dûment affirmés devant le Maire ou le Juge de paix, visés pour timbre et enregistrés en débet, à l'autorité chargée des poursuites.

A cette énumération des attributions légales des gardes-champêtres nous croyons devoir ajouter quelques mots sur leurs devoirs moraux :

« Un garde-champêtre, a dit le vénérable Henrion
» de Pansey, doit avoir une grande exactitude, une
» infatigable activité, une vigilance difficile à tromper,
» un désintéressement qui le mette au-dessus de la
» corruption; il doit avoir quelques notions relatives

» à la police des campagnes, des idées assez nettes pour » rédiger clairement un procès-verbal ; enfin assez de » droiture pour que, dans l'exercice de ses fonctions, » il ne se laisse influencer ni par des haines particu- » lières, ni par des affections personnelles. »

Les lois, sévères envers les gardes-champêtres lorsqu'ils s'écartent de leurs devoirs ou des règles de l'honneur, leur accordent une protection spéciale lorsqu'on les attaque ou qu'on leur résiste dans l'exercice de leurs fonctions. Ils doivent donc faire tous leurs efforts pour justifier cette protection et faire respecter le caractère dont ils sont revêtus. Qu'ils évitent de compromettre leur dignité et d'infirmer le pouvoir qu'ils tiennent de la loi, soit en fréquentant des cabarets, soit en s'écartant dans aucune de leurs habitudes des voies de l'honnêteté et des devoirs du chrétien et du bon citoyen.

CHAPITRE II.

Nomination, congé, traitement, indemnités, gratifications.

Nomination. — Les gardes-champêtres sont nommés par le Préfet sur la présentation des Maires.

Le Préfet seul à aussi le droit de les révoquer mais le Maire peut les suspendre. (*Décret du 25 mars* 1851.)

Congé. — Les gardes-champêtres ne peuvent s'absenter de la commune sans une permission du Maire, qui ne peut l'étendre au-delà de huit jours sans en référer au Sous-Préfet.

Traitement. — Le traitement annuel des gardes-champêtres est fixé par le Conseil municipal et porté au budjet comme dépense obligatoire.

Il est acquitté tous les trimestres par le receveur municipal sur mandat délivré par le maire. Ce traitement court du jour de la prestation de serment.

Gratifications. — Indépendamment de leur traitement fixe les gardes-champêtres ont droit à des gratifications :

1° Lorsqu'ils arrêtent des forçats évadés et des déserteurs ;

2° Lorsqu'ils constatent des délits de chasse ;

3° Lorsqu'ils constatent des contraventions en matière de grande voirie.

Nous avons indiqué le montant de ces diverses gratifications dans les notes qui accompagnent les modèles des procès-verbaux relatifs à ces matières.

La loi accorde aussi aux gardes-champêtres certaines primes lorsqu'ils se trouvent dans le cas de seconder les préposés des douanes ou des contributions indirectes, ainsi :

1° *En matière de douanes.* — Un garde-champêtre qui concourt à une saisie, a droit, dans la répartition du produit des confiscations et amendes, à une part égale à celle qui revient à un préposé saisissant. En ce cas, il est essentiel que le garde-champêtre se fasse porter nominativement dans les procès-verbaux ou rapports qui constatent la saisie. (*Art.* 25 *de l'arrêté du* 26 *août* 1796.) Et lorsqu'un garde-champêtre dénonce un passage frauduleux ou un dépôt de denrées ou de marchandises de contrebande il a droit à un tiers du produit net des saisies;

2° *En matière de contributions indirectes.* — Lorsqu'un garde-champêtre, par suite de la surveillance qu'il exerce au dedans et au dehors d'une commune, met les employés des contributions indirectes ou des octrois municipaux en situation de constater une fraude ou une contravention, il a droit au tiers du produit net des amendes ou confiscations encourues par suite de ses indications. (*Arrêté du ministre des finances du* 17 *octobre* 1816, *art.* 7.)

En cas d'arrestation de contrevenants au règlement sur la fabrication et la vente des *poudres à feu*, le garde-champêtre a droit à une prime de 15 francs pour chaque individu arrêté. Outre cette prime, les saisissants ont droit au paiement de la moitié des poudres saisies. (*Art.* 223 *de la loi du* 28 *avril* 1816. — *Arrêté du ministre des finances du* 17 *octobre* 1816.)

Lorsqu'un garde-champêtre arrête ou concourre à arrêter des colporteurs ou vendeurs de tabac en fraude, il reçoit une prime de 15 francs pour chaque personne arrêtée.

Les gardes-champêtres ont encore des *droits de capture* déterminés ainsi qu'il suit, par le décret du 7 avril 1813 :

1° Pour capture ou saisie de la personne, en exécution d'un jugement de simple police. . . . . . . 3 francs.

2° Pour capture en exécution d'un mandat d'arrêt ou d'un jugement emportant peine d'emprisonnement, 12 francs.

3° Pour capture en exécution d'une ordonnance de prise de corps ou d'un arrêt portant peine de la réclusion . . . . 15 francs.

4° Pour capture en exécution d'un arrêt de condamnation aux travaux forcés ou à une peine plus forte. . . . . 20 francs.

Enfin, en cas de *saisie de récoltes sur pied*, lorsqu'un garde-champêtre en a été établi le gardien, il lui est alloué 75 centimes pour chaque jour de garde. (*Art.* 15 *du décret du* 16 *février* 1811. — *Art.* 628 *du Code de procédure civile.*)

Du reste aucune part n'est réservée aux gardes-champêtres sur les amendes encourues pour des délits ruraux ou de police correctionnelle. Les amendes de police rurales sont appliquées au profit de la commune où la contravention a été commise. (*Art.* 486 *du Code pénal.*) Quant aux amendes prononcées par les tribunaux de police correctionnelle, elles forment dans chaque département un fonds commun que le préfet applique pour un tiers aux dépenses des enfants touvés, et pour les deux autres tiers, aux communes qui éprouvent le plus de besoins. (*Décret du* 17 *mai* 1809.)

Les créanciers d'un garde-champêtre peuvent faire saisir entre les mains du receveur municipal le cinquième de son salaire. (*Loi du* 22 *mai* 1801.)

CHAPITRE III.

Des fonctionnaires qui ont autorité sur les gardes-champêtres.

Les autorités auxquelles le garde-champêtre est immédiatement subordonné sont : le Procureur impérial, le Maire et le Commissaire cantonal.

Le droit de surveillance du Procureur impérial sur les gardes-champêtre est déterminé par l'art. 17 du Code d'instruction criminelle qui est ainsi conçu :

« Les gardes-champêtres sont, comme officier de » police judiciaire, sous la surveillance du Procureur » impérial sans préjudice de leur subordination à l'égard » de leurs supérieurs dans l'administration. »

En cette même qualité d'officier de police judiciaire, les gardes-champêtres sont placés sous la haute autorité du Procureur général qui, en cas de négligence, peut leur adresser un avertissement, et en cas de récidive les faire citer devant la Cour impériale.

C'est aussi au Procureur général seul qu'appartient le droit de les poursuivre quand ils sont prévenus d'un crime ou d'un délit emportant une peine correctionnelle. (*Art. 279, 479 du Code d'instr. crim.*)

Pour tout ce qui touche à la police, la loi a établi des rapports directs entre les gardes-champêtres et les commissaires cantonaux.

Ainsi, aux termes de l'art. 3 du décret du 28 mars 1852, ces derniers fonctionnaires ont le droit de requérir les gardes-champêtres, ils doivent de plus être informés par eux de tout ce qui intéresse la tranquillité publique, recevoir leurs procès-verbaux et inspecter leurs livrets.

Enfin les gardes-champêtres dépendent du Maire comme chef de la police municipale et ils lui doivent obéissance en tout ce qu'il leur commande pour le bien de la commune.

CHAPITRE IV.

Rapports de service des gardes-champêtres avec diverses autorités.

PREMIÈRE SECTION.

Relations avec la gendarmerie.

Les rapports qui doivent exister entre les gardes-champêtres et la gendarmerie ont été déterminés par le décret du 11 juin 1806. En voici les principales dispositions :

Dans les huit jours de son installation, un garde-champêtre doit se présenter au sous-officier de gendarmerie du canton, lequel inscrit les noms, âge et domicile, sur un registre à ce destiné. (*Art 1er du décret du 11 juin 1806.*)

Les officiers et sous-officiers de gendarmerie s'assurent dans leurs tournées si les gardes-champêtres remplissent bien les fonctions dont ils sont chargés ; ils donnent connaissance aux sous-préfets de ce qu'ils ont appris sur la conduite et le zèle de chacun d'eux. (*Art. 2 du même décret.*)

Dans des cas urgents ou pour des objets importants, les sous-officiers de gendarmerie peuvent mettre en réquisition les gardes-champêtres d'un canton, et les officiers, ceux d'un arrondissement, soit pour les seconder dans l'exécution des ordres qu'ils ont reçus, soit pour le maintien de la police et de la tranquillité publique, mais ils sont tenus de donner avis de cette réquisition aux sous-préfets et aux maires, et de leur en faire connaître les motifs généraux. (*Art.* 2 *du même décret.*)

Réciproquement, dans les mêmes cas, les gardes-champêtres peuvent requérir main-forte de la gendarmerie. (*Art.* 309 *de l'ord. du* 29 *octobre* 1820.)

Du reste, quoique placés sous la surveillance de la gendarmerie, les gardes-champêtres n'ont pas d'ordre à en recevoir. D'après leur organisation, ces derniers n'ont de relations directes à avoir qu'avec le maire. Ainsi, la gendarmerie donne aux maires, pour être remis aux gardes-champêtres, les signalements des individus qu'elle a l'ordre d'arrêter; de leur côté, les gardes-champêtres sont tenus d'informer les maires, et ceux-ci les commandants de gendarmerie de ce qu'ils découvrent de contraire à l'ordre et à la tranquillité publique. Cependant, un garde-champêtre manquerait à ses devoirs si, ayant la possibilité d'avertir la gendarmerie avant le maire, d'un délit qui vient de se commettre, il négligeait de le faire.

DEUXIÈME SECTION.

Relations avec les gardes-forestiers et les gardes-pêche.

Comme agents de la force publique, les gardes-champêtres sont tenus de déférer aux réquisitions qni leur sont faites par les agents et les gardes de l'administration forestière, pour la répression des délits forestiers, ainsi que pour la recherche et la saisie des bois coupés en délit, vendus ou achetés en fraude. (*Art.* 164 *du code forestier.*)

Par réciprocité, les gardes des bois de l'État, des communes, des établissements publics, etc., doivent prêter leur appui aux gardes-champêtres. (*Art.* 18 *de la loi du* 29 *avril* 1803.)

Les gardes-pêche, nommés par l'administration, étant assimilés par la loi aux gardes-forestiers impériaux, les deux articles qui précèdent leur sont également applicables.

TROISIÈME SECTION.

Relations avec le service des douanes.

Les gardes-champêtres peuvent être requis, par l'entremise du maire, de prêter main-forte aux préposés des douanes. (*Art.* 14 *de la loi du* 22 *août* 1791.)

Tout garde-champêtre qui ne se conformerait pas à cette réquisition, s'exposerait à de graves reproches et même à la destitution en cas de récidive.

S'il était prouvé que ce fut dans des vues d'intérêt particulier ou par connivence avec les délinquants, qu'un garde-champêtre se serait abstenu de seconder les préposés des douanes, il se rendrait coupable de forfaiture et tomberait sous l'application des peines sévères édictées, dans ce cas, par l'article 177 du Code pénal.

Il est du devoir des gardes-champêtres de seconder les préposés des douanes, même sans en être requis, soit en leur donnant tous les renseignements qui sont à leur connaissance, soit en concourant avec eux aux saisies résultant de contraventions aux lois sur l'importation, l'exportation ou la circulation des marchandises.

Nous avons indiqué, dans le chapitre précédent, la part des gardes-champêtres dans les saisies auxquelles ils auraient concouru.

Deux gardes-champêtres où un garde-champêtre assisté d'un citoyen quelconque, peuvent constater, sans l'assistance d'aucun préposé, une contravention aux lois de douanes. (*Art.* 1er, *titre* 4 *de la loi du* 28 *avril* 1799.)

Lorsque des gardes-champêtres arrêteront, sur la frontière, des denrées ou marchandises pour contraventions aux lois sur les douanes, les objets saisis doivent être conduits au bureau de douanes le plus voisin du lieu de l'arrestation. Ces gardes-champêtres y rédigeront de suite leur rapport. Ils y énonceront la date et la cause de la saisie; la déclaration qui en aura été faite au prévenu; les noms, qualité et demeures des saisissants et de celui chargé des poursuites; l'espèce, le poids et le nombre des objets saisis; la présence de la partie à leur description, ou la sommation qui lui aura été faite d'y assister; le nom et la qualité du gardien; le lieu de la rédaction du rapport et l'heure de sa clôture. (*Art.* 2 *et* 3, *titre* 4 *de la loi du* 28 *avril* 1799.)

Généralement, ce procès-verbal est écrit par le receveur ou tout autre employé attaché au bureau où l'on amène la saisie, sur les déclarations des saisissants qui n'ont plus qu'à le signer. Par ce motif, nous avons cru devoir nous abstenir de donner des formules pour ce genre de pièces.

Il suffit que les gardes-champêtres sachent qu'il y a lieu à saisie :

1° Lorsque des marchandises *importées* dans l'empire ont dépassé, sans permis, le premier bureau de la frontière, ou qu'avant d'y avoir été conduites, elles sont introduites dans quelque maison ou auberge.

2° Quand les marchandises *exportées* ne sont pas conduites au premier bureau de sortie, par la route la plus directe et la plus fréquentée. (*Loi du* 22 *août* 1791, *titres* 4 *et* 5 *de la loi du* 28 *avril* 1816.)

QUATRIÈME SECTION.

Service des contributions indirectes.

Comme agents de la force publique, les gardes-champêtres doivent prêter aide et assistance aux employés des contributions indirectes, toutes les fois qu'ils en sont requis. (*Art.* 245 *de la loi du* 28 *avril* 1816.)

Ils ont, en outre, le devoir de transmettre à ces employés les renseignements qui seraient de nature à les mettre sur la trace de fraudes ou de contraventions relatives à la régie des contributions indirectes ou des octrois municipaux. La loi, dans ce cas, leur accorde la part d'indicateur.

Enfin, ils ont, en cette matière, les attributions ci-après déterminées :

1° *Tabacs.* — Les gardes-champêtres ont qualité pour dresser procès-verbal de toutes les contraventions relatives à l'achat, la culture, la fabrication, la vente et le colportage des tabacs ; pour procéder à la saisie des tabacs de fraude, des ustensiles et mécaniques qui auraient servi à les fabriquer, à celle des chevaux, voitures, bateaux et autres objets servant au transport, et pour constituer prisonniers ceux qu'ils surprendraient vendant en fraude du tabac à leur domicile, et ceux qui en colporteraient. (*Loi du* 28 *avril* 1816, *art.* 223.)

2° *Poudres à feu.* — Aux termes de la même loi, les gardes-champêtres sont au nombre des agents qui ont le droit de saisir ou de concourir aux saisies, ainsi que de constater les contraventions en matière de poudres à feu. Aucune vente de poudre ne peut s'opérer ailleurs que dans les entrepôts et débits de tabac. (*Ord. du* 25 *mars* 1818.)

3° *Cartes à jouer.* — Les gardes-champêtres sont compétents pour constater la fraude et la contrebande sur les cartes à jouer. (*Art.* 169 *et* 223 *de la loi du* 28 *avril* 1816.)

Les primes et gratifications dévolues aux gardes-champêtres pour toutes les opérations qui font le sujet de cette section, sont indiquées dans le chapitre précédent.

CINQUIÈME SECTION.

Poids et mesures.

Les gardes-champêtres doivent prêter assistance aux vérificateurs des poids et mesures dans l'exercice des fonctions qui leur sont déléguées.

Il leur est, en outre, prescrit de constater les contraventions commises par les marchands et les fabricants qui emploieraient à l'usage de leur commerce ou conserveraient dans leurs dépôts, boutiques et magasins, des mesures et poids différents de ceux qui sont établis par les lois en vigueur. (*Art.* 2 *de l'ord. du* 18 *décembre* 1825.)

A cet effet, les gardes-champêtres sont chargés de faire, plusieurs fois dans l'année, des visites dans les boutiques et magasins, dans les places publiques, foires et marchés, pour s'assurer : 1° si les poids et mesures portent les marques et poinçons de vérification ; 2° si, depuis la vérification que ces marques constatent, ces instruments n'ont point souffert de variations, soit accidentelles, soit frauduleuses ; 3° et *essentiellement*, si les marchands font réellement usage de ces poids et mesures, et non d'aucun autre. (*Art.* 25 *de l'ord. du* 18 *décembre* 1825. — Voir l'article *Poids et mesures* dans la seconde partie de cet ouvrage.)

SIXIÈME SECTION.

Aide et main-forte aux huissiers.

Il y a obligation pour les gardes-champêtres de prêter aide et main-forte aux huissiers toutes les fois qu'ils en sont requis, et de les aider de leurs renseignements, sans pouvoir exiger aucune rétribution, sous peine d'être poursuivis et punis suivant l'exigence des cas. (*Art.* 77 *du décret du* 18 *juin* 1811.)

CHAPITRE V.

Des procès-verbaux.

Le soin qui doit présider à la rédaction des procès-verbaux est d'une importance sur laquelle nous ne saurions trop insister. Trop souvent, en effet, soit par l'oubli des formes légales les plus strictement exigées, soit par le vague et l'obscurité de la rédaction, ces pièces sont entachées d'une irrégularité telle qu'elles restent sans effet devant la justice et que leur annulation entraîne l'impunité des délinquants. Nous avons l'espoir que les explications qui font l'objet de ce chapitre ainsi que le *formulaire* dont se compose la seconde partie de notre ouvrage, pourront utilement éclairer les gardes-champêtres et leur rendre à cet égard plus facile l'exercice de leurs fonctions.

La loi exige pour la régularité d'un procès-verbal l'accomplissement des quatre formalités suivantes :

1° Qu'il soit signé par le garde verbalisant ;

2° Qu'il soit affirmé dans les vingt-quatre heures de sa rédaction ;

3° Que dans le cas où le garde n'aurait pas écrit lui-même le procès-verbal, l'officier qui reçoit l'affirmation constate qu'il en a donné lecture au garde ;

4° Que le procès-verbal soit enregistré dans les quatre jours de sa date sous peine de 5 fr. 50 d'amende, à moins qu'il ne se rapporte à une contravention de roulage. Dans ce dernier cas le délai d'enregistrement n'est que de trois jours. (*Ord. du 22 février* 1830.)

Il y a nullité chaque fois que l'une des trois premières de ces formalités n'a pas été remplie.

Quant à la rédaction même du procès-verbal la loi ne l'a assujettie à aucune forme déterminée, mais elle doit être claire, précise et offrir un exposé des faits dégagé de toute circonstance qui y serait étrangère. A cet effet, tout procès-verbal doit contenir, dans l'ordre suivant :

1° L'indication, en toutes lettres, des jour, mois, année et heure où il a été dressé;

2° Le nom et les prénoms du garde, sa qualité de garde-champêtre de la commune de.....;

3° La mention que le garde est assermenté;

4° La mention qu'il était revêtu, au moment de la constatation du délit, du signe distinctif de ses fonctions;

5° La désignation exacte du lieu où le délit a été commis;

6° L'indication de toutes les circonstances du délit;

7° Les noms, l'âge, la profession et le domicile des délinquants, ou leur signalement s'ils sont inconnus;

8° Les interpellations qui leur ont été faites, leur réponse ou leur refus de répondre;

9° L'heure précise de la clôture du procès-verbal afin de pouvoir compter exactement le délai de l'affirmation;

10° La signature du garde.

— Lorsqu'après avoir rédigé son procès-verbal, le garde s'aperçoit, en le lisant, de l'omission de quelques mots, il peut faire un renvoi qui doit être mis en marge de l'acte et revêtu du paraphe du garde.

Si cet acte contient des ratures elles doivent également être approuvées. A cet effet, les mots rayés sont comptés et on écrit en marge ou au bas de la page ces mots :

approuvé (nombre) *mots rayés nuls* et au-dessous se place la signature ou le paraphe du garde.

— Il n'est pas indispensable que le garde-champêtre rédige lui-même son procès-verbal ; lorsqu'il se trouve hors d'état de le faire, cet acte peut être rédigé, sur son rapport, soit par le juge de paix ou par son suppléant, soit par le commissaire de police, soit par le maire ou, en son absence, par l'adjoint, soit enfin par le greffier de la justice de paix. (Voir le modèle n° 1 bis.)

Les procès-verbaux rédigés par toute autre personne ne font pas foi en justice.

Il y a trois classes de procès-verbaux :

1° Les procès-verbaux de police judiciaire ;

2° Les procès-verbaux de police administrative ;

3° Les procès-verbaux de simple police.

— Les procès-verbaux de police judiciaire sont ceux qui concernent des *délits proprement dits*, c'est-à-dire des infractions qui sont de nature à entraîner une peine correctionnelle.

Ils doivent être remis au procureur impérial dans le délai de trois jours, y compris celui dans lequel a été constaté le fait qui y a donné lieu. (*Art.* 20, *Code d'instr. crim.*)

— Les procès-verbaux de police administrative sont ceux qui constatent des délits ou des contraventions de la compétence des conseils de préfecture, tels que les délits de grande voirie, les infractions aux lois sur le roulage.

Ils doivent être remis au maire dans le délai ci-dessus indiqué.

— Les procès-verbaux de simple police sont ceux qui sont relatifs à des faits qualifiés de *contraventions*, lesquelles sont de la compétence des tribunaux de police présidés par les juges de paix.

Ils doivent être remis dans ce même délai de trois jours au commissaire de police, ou au maire dans les communes qui ne sont pas chefs-lieux de canton. (*Art. 20, Code d'inst. crim.*)

— Les procès-verbaux des gardes-champêtres ne font pas foi jusqu'à inscription de faux; ils peuvent être débattus par preuves contraires. (*Art. 16 et 154 du Code d'instruct. crim.*)

— Tout garde-champêtre doit être pourvu d'un registre ou livret, coté et paraphé par le maire, sur lequel il inscrit ou fait inscrire jour par jour, sans aucun blanc ni lacune, l'analyse des procès-verbaux qu'il aura dressé. Ce livret doit être soumis chaque mois au visa du maire et exhibé à toute réquisition des magistrats de l'ordre judiciaire ou administratif. Ce registre peut être établi suivant le modèle suivant :

DATE des procès-verbaux.	NOM et domicile des délinquants.	NATURE des délits.	AUTORITÉ à laquelle les procès-verbaux ont été remis.	SUITE donnée à l'affaire.	OBSERVATIONS.

CHAPITRE VI.

Responsabilité. Pénalité spéciale applicable aux gardes-champêtres.

Les gardes-champêtres sont responsables des dommages qu'ils n'auraient pas constatés dans les vingt-quatre heures. (*Art. 7, sect. 7 du titre* 1er *de la loi du* 6 *octobre* 1791.)

Pour négligences de cette nature ils peuvent être, à la diligence des parties, condamnés par les tribunaux civils à des dommages intérêts.

Mais en leur qualité d'officiers de police judiciaire, ils ne sont justiciables que des cours d'appels quand ils sont sous la prévention d'un crime ou d'un délit correctionnel. Dans ce cas c'est le procureur général seul qui peut les poursuivre suivant les formes établies au chap. III du Code d'Instr. crim.

Ils ne peuvent se dispenser de constater un délit ou une contravention sous le prétexte que la partie lésée renonce à se plaindre, attendu que l'action publique résultant de ce délit ou de cette contravention est indépendante de l'action civile. (*Arrêt de la Cour de cassation du* 11 *juin* 1813.)

Dans aucun cas, il ne peut être fait de transaction sur les délits constatés par les gardes-champêtres ; et se rendent coupables du crime de prévarication, les gardes qui auraient négligé, dans un intérêt particulier, de verbaliser ou de remettre leurs procès-verbaux, ou qui auraient pris des arrangements avec les délinquants.

Les peines encourues pour ce fait par le garde-champêtre sont la dégradation civique et une amende double de la valeur reçue ou promise, sans que cette amende puisse être inférieure à 200 fr. (*Art.* 177 *du Code pénal.*)

Tout délit contre les propriétés, s'il est commis par un garde-champêtre, est puni d'un emprisonnement d'un tiers en sus de la peine la plus forte qui serait appliquée à un autre coupable, sans que jamais cet emprisonnement soit de moins d'un mois. (*Art.* 462 *du Code pénal.*)

Pour tout autre délit de police correctionnelle commis par eux, les gardes-champêtres sont punis du maximum de la peine attachée à l'espèce de délit. (*Art.* 198 *du Code pénal.*)

S'il s'agit d'un crime, ils sont condamnés, savoir :

A la réclusion, si le crime emporte contre tout autre coupable la peine du bannissement ou de la dégradation civique ;

Aux travaux forcés à temps si le crime emporte contre tout autre coupable la peine de la réclusion ou de la détention ;

Aux travaux forcés à perpétuité lorsque le crime emportera contre tout autre coupable la peine de la déportation ou celle des travaux forcés à temps. (*Art.* 198 *du Code pénal.*)

Enfin en cas de négligence habituelle ou de faute grave, les gardes-champêtres sont passibles des peines disciplinaires suivantes :

1° La réprimande, infligée par le maire ou par le sous-préfet, et dont mention sera faite sur le registre ou livret du garde ;

2° La suspension, avec privation temporaire du traitement, prononcée par le préfet et mentionnée sur le livret ;

3° La révocation, prononcée par le préfet.

DEUXIÈME PARTIE.

MODÈLES DE PROCÈS-VERBAUX.

I. — Formule générale pour le commencement de tous les procès-verbaux.

Le (*date en toutes lettres*) à... heure du (*matin ou du soir*) nous (*nom et prénoms*) garde-champêtre de la commune de.., dûment assermenté et portant le signe caractéristique de nos fonctions (1), faisant notre tournée ordinaire, etc.

I (*bis*). — *Formule générale d'un procès-verbal fait* SUR LE RAPPORT *du garde-champêtre, quand ce dernier ne sait pas écrire.*

Le (*date en toutes lettres*) devant nous (*nom et prénoms*), juge de paix (*ou* suppléant du juge de paix *ou* greffier du juge de paix) du canton de... (*ou* maire de la commune de...) est comparu le sieur (*nom et prénoms*) garde-champêtre de la commune de .., lequel nous a rapporté qu'aujourd'hui vers .. heure du. ., faisant sa tournée ordinaire et étant au canton dit .., il a vu (*exposer ici les faits rapportés avec toutes leurs circonstances*).

Sur cette déclaration nous avons dressé le présent procès-verbal dont nous avons donné lecture au déclarant et que ce dernier a affirmé (2) par serment être en tout conforme à la vérité et qu'il a signé avec nous.

---

(1) Ce signe est une plaque de métal ou d'étoffe attachée au bras et portant ce mot: LA LOI, entouré du nom de la commune et de celui du garde. (*Loi du 28 septembre 1791, art. 4.*)

(2) Si c'est le greffier qui dresse le procès-verbal il ne fait pas mention de l'affirmation, attendu qu'il n'a pas qualité pour la recevoir.

ABREUVOIR (1).

II. — *Procès-verbal pour contravention au règlement de police locale sur les abreuvoirs.*

Le... du mois d... mil huit cent cinquante..., à.. heure du..., nous (*nom et prénoms*), garde-champêtre de la commune de..., dûment assermenté, et portant le signe caractéristique de nos fonctions, avons rencontré le sieur (*nom et demeure*) qui conduisait seul à l'abreuvoir (*nombre*) chevaux; et attendu que, par ce fait, ledit sieur .. s'est mis en contravention au règlement de police municipale qui interdit de conduire à l'abreuvoir plus de trois chevaux à la fois, nous avons dressé contre lui le présent procès-verbal que nous avons clos et signé le jour ci-dessus indiqué, à... heure du..

---

(1) En général, les règlements de police municipale défendent:
1° De conduire aux abreuvoirs plus de trois chevaux à la fois;
2° D'y conduire des chevaux ou bestiaux pendant la nuit;
3° D'y laver du linge;
4° D'y jeter des immondices;
5° D'y conduire des animaux affectés de maladies contagieuses.

Les procès-verbaux dressés dans ces différents cas, s'ils sont prévus dans un arrêté du maire, doivent être remis à ce magistrat.

La formule ci-dessus n'est applicable qu'au premier cas, mais il sera facile de s'en servir en la modifiant, pour toutes les autres contraventions de même nature.

MM. les maires trouveront un modèle d'arrêté pour la police des abreuvoirs dans notre ouvrage intitulé: *Guide général des Maires*.

AFFICHES (1).

III. — *Procès-verbal pour affiches* sur papier blanc.

Le... du mois de.. mil huit cent..., à... heure du..., nous (*noms et prénoms*), garde-champêtre de la commune de..., dûment assermenté et portant le signe caractéristique de nos fonctions, passant dans la rue de... (*ou* sur la place de...), avons remarqué sur le mur de.. ., une affiche imprimée sur papier blanc et annonçant la vente de... (*ou tout autre objet*), et attendu que les affiches des particuliers doivent être sur papier de couleur sous les peines de droit, nous avons dressé le présent procès-verbal contre le sieur...., imprimeur, demeurant à..., dont le nom se trouve au bas de ladite affiche que nous avons enlevée et jointe au présent (*ou* que nous n'avons pu arracher).

Le présent procès-verbal a été clos et signé par nous, à... heure du...

---

(1) Il y a contravention en cette matière:

1° Quand les affiches des particuliers sont sur papier blanc;

2° Quand elles ne sont pas timbrées (*Lois des 28 juillet 1791 et 16 juin 1824, art. 10;*

3° Quand elles ne portent pas le nom et la demeure des imprimeurs (*Code pénal, art. 283*);

4° Quand elles ont un caractère politique ou qu'elles sont apposées sans la permission de l'administration municipale (*Code pénal, 471, n° 15. — Loi du 16 juillet 1850 et du 10 décembre 1830*);

5° Quand on arrache ou qu'on souille les affiches des autorités publiques (*Code pénal, art. 471, n° 15, 479, n° 9*);

6° Quand on couvre ou qu'on arrache les affiches des particuliers avant un délai de huit jours de leur apposition, *ibid.*).

★

IV. — *Procès-verbal pour affiches* non timbrées.

Le . du mois de. . mil huit cent. . , à heure du , nous (*noms et prénoms*) garde-champêtre de la commune de. . ., dûment assermenté et portant le signe caractéristique de nos fonctions, passant dans la rue de . ., (*ou* sur la place de. . .), avons remarqué sur le mur de. . ., une affiche particulière relative à . . (*indiquer l'objet de l'affiche*), laquelle affiche n'était pas timbrée; et attendu qu'aux termes des lois sur le timbre les affiches des particuliers doivent être timbrées sous les peines de droit, nous avons dressé le présent procès-verbal que nous avons signé et clos ledit jour, à. . . heure du . .

V. — *Procès-verbal pour affiches ne portant pas le* nom de l'imprimeur.

Le. . . du mois de. . . mil huit cent. . , à . . heure du. . ., nous . ., garde-champêtre de la commune de. . ., dûment assermenté et portant le signe caractéristique de nos fonctions, passant dans la rue de . . (*ou* sur la place de. . .), avons remarqué sur le mur de. . ., une affiche particulière imprimée, relative à. . . (*indiquer l'objet de l'affiche et le nom de la personne qu'elle concerne*), laquelle affiche ne portait pas le nom ni la demeure de l'imprimeur; et attendu que ce dernier fait constitue une contravention aux lois, nous avons dressé le présent procès-verbal que nous avons clos et signé à . . heure du. . .

VI. — *Procès-verbal contre un individu qui a* arraché *ou* couvert par une autre affiche *ou* souillé *une affiche.*

Le... du mois de... mil huit cent..., à... heure du .., nous, garde-champêtre de la commune de. ., dûment assermenté et portant le signe caractéristique de nos fonctions, avons aperçu un individu qui arrachait (*ou* couvrait, *ou* souillait avec de la boue) une affiche de l'autorité publique concernant.. (*ou* une affiche particulière concernant...), qui était placardée sur le mur de...; nous nous sommes approché de cet individu que nous avons reconnu pour être le sieur (*nom, profession, demeure*); nous lui avons déclaré qu'il était en contravention aux lois et règlements et que nous allions dresser procès-verbal contre lui (*ou bien* nous nous sommes approché de cet individu qui, sur nos interpellations a déclaré se nommer . , et nous lui avons déclaré, etc.).

Nous avons, en conséquence, dressé le présent procès-verbal que nous avons clos et signé à . heure l...

VII. —AFFIRMATION D'UN PROCÈS-VERBAL (1).

L'an mil huit cent... le.. du mois de. ., pardevant nous, maire de la commune de. ., a comparu le sieur.... garde-champêtre de ladite commune, lequel

(1) Ainsi que nous l'avons indiqué dans la première partie de cet ouvrage, chapitre IV, les procès-verbaux des gardes-champêtres ne font foi en justice que s'ils sont affirmés dans les vingt-quatre heures devant les juges de paix dans les communes chefs-lieux de canton,

après avoir entendu la lecture que nous lui avons faite du procès-verbal qui précède, l'a affirmé sous serment sincère et véritable et a signé le présent acte avec nous.

(*Signature du garde.*) Le Maire,

ALI NEMENT.

VIII. — *Procès-verbal pour construction, plantations d'arbres ou de haies sur un chemin rural, sans obtention préalable d'alignement, lorsqu'il existe à cet égard un règlement prohibitif émané de l'autorité municipale.*

Le... du mois... (*comme au modèle n° 1*) instruit que le sieur.. (*nom*, *prénoms*, *qualité ou profession et demeure*) s'était permis de (*faire une construction ou une plantation d'arbres*, ou *de planter une haie vive*, ou *d'établir une haie sèche*, ou *de creuser un fossé*) le long du chemin rural de..., classé sous le n° .. au tableau général des chemins ruraux de ladite commune, approuvé par M. le préfet à la date du.. sans avoir préalablement obtenu la délivrance d'alignement prescrite

---

et dans les autres communes devant le maire ou devant l'adjoint en cas d'empêchement du maire.

Pour que l'affirmation soit valable il faut:

1° Qu'elle soit écrite à la suite du procès-verbal;

2° Qu'elle fasse mention du serment du garde-champêtre et de la lecture qui lui est faite dudit acte d'affirmation;

3° Qu'elle soit signée du garde-champêtre et de l'officier public qui la reçoit.

Le délai de vingt-quatre heures ne se compte que du moment de la signature du procès-verbal et nom du moment de la contravention.

par l'arrêté du maire en date du..., nous sommes transporté sur les lieux et avons reconnu la contravention par lui commise. Nous avons en conséquence dressé le présent procès-verbal, qui sera envoyé au ministère public près le tribunal de simple police du canton de. , pour qu'il y soit donné telle suite que de droit.

(*Signature.*)

Si, indépendamment de la contravention constatée par le procès-verbal qui précède, il y avait anticipation sur le sol du chemin rural, on ajouterait avant la dernière phrase:

Nous avons reconnu, en outre, que le sieur... avait, par sa plantation, rétréci le sol du chemin rural d'environ... (*spécifier l'étendue*) sur une longueur d'environ .. mètres. Le sieur. ., à qui nous avons fait remarquer cette anticipation, nous a répondu... (*consigner ici sa réponse*). — Le reste comme ci dessus.

ANIMAUX (1).

IX. — *Procès-verbal pour divagation d'animaux dans les champs.*

Le... du mois de .., etc. (*comme au modèle n° 1*) nous avons aperçu sur une pièce de terre sise au canton

---

(1) Sont en contravention:

1° Les propriétaires des animaux qui auraient passé sur le terrain d'autrui, ensemencé ou chargé d'une récolte. (*Art. 475, § 10 du Code pénal.*) Les dégâts doivent être payés dans la huitaine du jour

de . . ., ensemensé de . . ., et appartenant au sieur . ., un cheval (*ou tout autre animal* qui était abandonné et qui y avait causé des dégâts que nous avons évalué à la somme de . . . Nous avons appris que cet animal appartenait au sieur . . . . Après avoir saisi ledit cheval nous l'avons ramené dans son écurie, et en raison de la contravention imputable au sieur . . ., nous avons dressé contre lui le présent procès-verbal que nous avons clos et signé ledit jour, à . heure du . . .

Si le propriétaire de l'animal est inconnu, on modifie la formule ci-dessus en ajoutant à la suite de l'évaluation du dommage :

. . . . Ne connaissant pas le propriétaire de cet animal, nous l'avons saisi et conduit dans l'écurie désignée par M. le Maire pour recevoir les animaux mis en fourrière et nous avons dressé le présent procès-verbal qui a été clos et signé par nous ledit jour, à . . heure du . .

---

du délit, sinon il y sera satisfait par la vente des bestiaux qui ont causé le delit. (*Loi du 6 oct. 1791, tit. 2, art. 42.*)

2° Ceux qui laissent divaguer des animaux malfaisants ou féroces, ou ceux qui auraient excité ou n'auraient pas retenu leurs chiens lorsqu'ils attaquent ou poursuivent les passants, quand même il n'en serait résulté aucun mal ni dommage. (*Code pénal, art. 475, § 7.*)

3° Ceux qui auraient exercé publiquement et abusivement de mauvais traitements contre des animaux domestiques. (*5 à 15 fr. d'amende. Loi du 9 juillet 1850.*)

4° Ceux qui, ayant des animaux atteints de maladies contagieuses, ne se seraient par conformés aux précautions indiquées par la loi. (Voir au mot: *Epizootie.*)

5° Ceux qui laissent un animal mort sur la voie publique ou sur un champ, et qui ne le font pas enfouir, dans la journée, à 1 mètre 33 centimètres de profondeur. (*Loi du 28 septembre 1791, tit. 2, art. 13.*)

Ces différents faits constituant des contraventions de simple police, les procès-verbaux qui les constatent doivent être remis au maire.

X. — *Procès-verbal pour accident causé par suite de divagation d'animaux malfaisants sur la voie publique.*

Le.. du mois de .., etc. (*comme au modèle n° 1*), nous avons aperçu un chien (*ou* un taureau, *ou* un cheval ombrageux) qui errant seul et sans maître sur le chemin de... (*indiquer ici le genre d'accident causé par l'animal*). D'après les informations que nous avons prises, cet animal appartient au sieur... (*nom, profession, demeure*). Et attendu que par ce fait ledit sieur... se trouve en contravention à l'article 475 du Code pénal, nous avons dressé contre lui le présent procès-verbal que nous avons clos et signé le jour ci-dessus relaté, à . heure du...

XI. — *Procès-verbal pour mauvais traitements exercés sur les animaux domestiques.*

Le .. du mois, etc. (*comme au modèle n° 1*), nous avons aperçu sur le chemin de..., au lieu dit..., un charretier qui, dans un accès de colère, frappait à coups redoublés son cheval avec le manche de son fouet sur la tête et sur les autres parties du corps (*ou* un enfant qui, sans raison, accablait de coups de pierres un chien paisible). Nous avons reconnu que l'auteur de ces mauvais traitements était le sieur (*nom, profession, demeure; ou si le garde ne le connaît pas:* nous avons sommé l'auteur de ces mauvais traitements de nous dire son nom et son domicile; il a déclaré se nommer..., être .., (*indiquer s'il est au service de quelqu'un, et s'il est mineur, le nom de ses père et mère*). Et attendu que ledit sieur... s'est mis en contravention à la loi du 9 juillet 1850, nous avons dressé contre lui le présent procès-verbal que nous avons clos et signé le jour susdit, à .. heure du...

XII. — *Procès-verbal pour abandon du cadavre d'un animal sur la voie publique ou sur un champ.*

Le . du mois de, etc. (*comme au modèle n° 1*), nous avons aperçu le cadavre d'un (*indiquer l'animal*) abandonné sans sépulture sur le chemin de. , au lieu dit... (*ou* dans un champ appartenant à...). D'après les informations que nous avons prises à l'instant, nous avons su que cet animal appartenait au sieur (*nom, profession, demeure*). Nous étant rendu chez ledit sieur..., nous lui avons déclaré qu'il était en contravention à la loi et l'avons sommé de faire enfouir de suite ledit animal à la profondeur règlementaire de 1 mètre 33 centimètres, faute de quoi cet enfouissement se ferait d'office et à ses frais. Et en raison de la contravention ci-dessus constatée, nous avons dressé le présent procès-verbal que nous avons clos et signé le jour susdit, à... heure du...

Si le délinquant n'a pas obéi à la sommation, le garde-champêtre fait faire l'enfouissement et il dresse un nouveau procès-verbal dans lequel il déclare le montant des frais. Voici le modèle de ce procès-verbal :

Aujourd'hui (*date comme au précédent*), nous garde-champêtre de la commune de..., ayant reconnu que, malgré la sommation constatée en notre procès-verbal en date du..., le sieur... n'avait pas fait enfouir le (*nom de l'animal*) gisant sur...., nous avons fait procéder à cet enfouissement par les sieurs. ., auxquels nous avons payé la somme de... Le présent procès-verbal a été clos et signé par nous à.. heure du....

ARBRES (1).

XIII. — *Procès-verbal pour avoir mutilé, abattu, coupé, ébranché, écorché des arbres plantés sur la voie publique, ou appartenant à autrui.*

Le... du mois de..., etc. (*comme au n° 1*), faisant notre tournée ordinaire, et passant au lieu dit ..., nous

---

(1) Quiconque aura abattu un ou plusieurs arbres qu'il savait appartenir à autrui sera puni d'un emprisonnement qui ne sera pas au-dessous de six jours ni au-dessus de six mois à raison de chaque arbre, sans que la totalité puisse excéder cinq ans (*Code pénal, art. 445.*)

Les peines seront les mêmes à raison de chaque arbre mutilé, coupé ou écorché *de manière à le faire périr*. (*Id., art. 446.*)

S'il y a eu destruction d'une ou plusieurs greffes, l'emprisonnement sera de six jours à deux mois, sans que la totalité puisse excéder deux ans. (*Id., art. 447.*)

Si les arbres étaient plantés sur les places, routes, chemins, rues ou voies publiques ou vicinales, ou de traverses, le minimum de la peine sera de vingt jours dans les cas prévus par les articles 445 et 446 cités ci-dessus, et de dix jours dans les cas prévus par l'article 447. (*Id., art. 448.*)

Dans tous les cas qui viennent d'être spécifiés, si le fait a été commis en haine d'un fonctionnaire public et à raison de ses fonctions, le coupable sera puni du maximum de la peine. Il en sera de même si le fait a été commis de nuit. (*Id., art. 450.*)

Dans ces mêmes cas, il sera prononcé une amende qui ne pourra

avons aperçu le sieur (*nom, profession, demeure*), qui coupait (*ou* qui écorchait de manière à le faire périr) un (*espèce de l'arbre*) avec une hache (*ou autre instrument*), dans la propriété du sieur... (*ou* sur le bord de la route *ou* du chemin de .). Nous avons évalué à... la valeur de l'arbre *ou* des arbres dont il s'agit. Ce fait constituant un délit prévu par l'article... (*consultez la note pour savoir le numéro applicable*) du Code pénal, nous en avons dressé le présent procès-verbal que nous avons clos et signé le...

---

excéder le quart des restitutions et dommages-intérêts, ni être au-dessus de seize francs. (*Id*, *art. 455.*)

(Il est indispensable, pour l'application de cette disposition de la loi, que le garde-champêtre ait toujours soin d'indiquer la valeur des arbres et l'importance du dommage.)

Quiconque aura pratiqué sur un arbre des mutilations qui ne seraient pas de *nature à le faire périr*, sera passible d'une amende double du dédommagement dû au propriétaire et à une détention correctionnelle qui ne pourra excéder six mois, aux termes de l'article 14 de la loi du 28 septembre 1791. Il a été jugé par arrêt de la cour de Besançon en date du 24 janvier 1857, que cette dernière disposition n'a pas été abrogée par les articles ci-dessus relatés du code pénal, lesquels ne concernent que les mutilations qui sont de nature à *faire périr* les arbres. Ainsi les gardes-champêtres doivent verbaliser contre les auteurs de toutes sortes de mutilations sur des arbres, soit que ces mutilations aient eu pour effet de les détruire, soit qu'elles les aient simplement endommagés.

Quiconque aura, en tout ou en partie, coupé ou arraché des haies vives ou sèches, déplacé ou supprimé des bornes ou pieds corniers, ou autres arbres plantés ou reconnus pour être les limites entre différents héritages, sera puni d'un emprisonnement d'un mois à une année et d'une amende égale au quart des restitutions et des dommages-intérêts, et qui, dans aucun cas, ne pourra être au-dessous de cinquante francs. (*Id., art. 456.*)

Tous les faits ci-dessus relatés constituant des délits susceptibles d'une peine correctionnelle, les procès verbaux qui les auront constatés devront être transmis au procureur impérial.

XIV. — *Procès-verbal contre un propriétaire qui aurait coupé sans autorisation un arbre planté* sur son terrain *le long d'une route impériale ou départementale, ou d'un chemin vicinal* (1).

Le... du mois de..., passant sur la route impériale n°... (*ou* sur la route départementale .., *ou* sur le chemin de ..), nous nous sommes aperçu qu'un (*ou* plusieurs) arbres essence de.. , qui existaient le long de cette route, au lieu dit ., sur le terrain appartenant au sieur..., avaient été abattus; nous étant transporté chez ce particulier, nous lui avons demandé en vertu de quelle autorisation il avait coupé ou fait couper lesdits arbres, il nous a répondu que ces arbres étant sa propriété, il avait cru pouvoir en disposer sans autorisation. Mais nous lui avons fait observer qu'il était en contravention à l'article 101 du décret du 16 décembre 1811. Nous évaluons la valeur de l'arbre ou des arbres abattus à la somme de. . Le présent procès-verbal a été clos et signé par nous, le..., à.. heure du .

---

(1) La conservation des plantations des routes est confiée à la surveillance et à la garde spéciale des cantonniers, gardes-champêtres, gendarmes, etc. (*Art. 106 du décret du 16 déc. 1811.*)

Tout propriétaire qui sera reconnu avoir coupé, sans autorisation, arraché ou fait périr les arbres plantés sur son terrain, sera condamné à une amende égale à la triple valeur de l'arbre abattu. (*Id., art. 101.*)

Un tiers de cette amende appartiendra aux agents qui auront constaté le dommage. (*Id, art. 107.*)

Les procès-verbaux dressés pour ce genre de contravention doivent être remis aux maires et transmis par eux au sous-préfet.

ARRESTATION (1).

XV. — *Procès-verbal d'arrestation en exécution d'un mandat* d'arrêt (*ou* d'une ordonnance de prise de corps *ou* d'un jugement).

Le... du mois de.. mil huit cent .., à heure du..., nous, garde-champêtre de la commune de .., dûment assermenté et portant le signe caractéristique de nos fonctions, en vertu de l'ordre délivré le .., par M .., nous nous sommes transporté au domicile du sieur (*nom*, *profession*, *demeure*); nous lui avons notifié l'ordre d'arrestation dont nous étions porteur et dont copie lui a été par nous délivrée, lui déclarant que dès ce moment il était constitué en état d'arrestation et qu'il eût à nous suivre à la maison d'arrêt de.... Ledit sieur... nous a répondu qu'il était prêt à nous obéir et nous l'avons conduit en ladite maison d'arrêt ou il a été écroué dans les formes voulues par la loi. Le concierge de la maison d'arrêt nous a donné une reconnaissance de la remise que nous lui avons faite de la personne dudit

---

(1) Aucune arrestation ne peut être opérée que dans les cas prévus par la loi et dans la forme qu'elle prescrit.

1° Le *flagrant délit* (Voir les explications que nous avons données à cet article);

2° L'*exécution de mandements de justice*. Il y a cinq sortes de mandements de justice, savoir: le *mandat de comparution*, lequel n'est qu'une citation; c'est le seul qui ne donne pas lieu à arrestation; le *mandat d'amener*: on appelle ainsi l'ordre transmis aux agents de la force publique d'amener un individu devant le magistrat mandant qui doit l'interroger; le *mandat de dépôt*: c'est un ordre donné par le juge d'instruction à l'effet de s'assurer provisoirement de la personne d'un individu; le *mandat d'arrêt*: c'est l'ordre donné par le

sieur . et nous avons annexé cette pièce au présent procès-verbal que nous avons clos et signé le jour ci-dessus indiqué.

(*Signature du garde.*)

Si le prévenu a fait résistance, on modifie la formule qui précède en supprimant ces mots « le sieur a répondu qu'il était prêt à nous obéir » *et en les remplaçant par ceux-ci* :

Ledit sieur... ayant refusé d'obéir au mandat qui lui est notifié, nous lui avons représenté que son refus est une infraction aux lois, et qu'il nous obligeait à user des moyens de force que la loi autorise en pareil cas. Malgré nos représentations ledit sieur... ayant persisté dans son refus d'obéir, nous l'avons saisi et appréhendé au corps avec l'aide de..., et nous l'avons conduit (*le reste comme au modèle qui précède*).

---

procureur impérial ou à sa réquisition, à l'effet d'arrêter et d'écrouer un prévenu; *l'ordonnance de prise de corps;*

3° L'exécution d'un arrêt ou d'un *jugement de condamnation.*

Il n'y a lieu de dresser procès-verbal d'une arrestation que dans ces trois derniers cas, savoir: l'exécution d'un mandat d'arrêt, d'une ordonnance de prise de corps ou d'un jugement de condamnation.

C'est sur le vu de ce procès-verbal que le procureur impérial ordonnance les *droits de capture* qui sont dûs aux gardes-champêtres ainsi qu'il est dit au deuxième chapitre de cet ouvrage.

Aucune arrestation par autorité de justice ne peut être faite pendant la nuit; il n'en est pas de même en cas de flagrant délit d'un crime ou d'un délit punissable de l'emprisonnement.

En général, le devoir du garde-champêtre est de conduire tout étranger suspect devant le maire qui statuera s'il y a lieu à arrestation.

AUBERGISTES (1).

XVI. — *Procès-verbal pour irrégularité dans la tenue du registre des voyageurs.*

Le... du mois.., etc., nous étant présenté chez le sieur..., aubergiste, rue..., n°..., et l'ayant invité à nous représenter son registre, il nous a dit qu'il n'avait pas l'habitude d'en tenir (*ou bien* il nous l'a remis et nous avons remarqué qu'on avait omis d'y inscrire les noms d'un voyageur présent, *ou toute autre omission ou irrégularité*). Nous lui avons, en conséquence, déclaré qu'il était en contravention à la loi et que nous en dresserions procès-verbal.

Clos et signé le..., à... heure du...

XVII. — *Procès-verbal pour contravention à la mesure de police relative à l'heure de la fermeture.*

Le..., etc., faisant notre tournée de nuit, et passant par la rue..., nous avons entendu chanter dans l'auberge du sieur..., et aperçu plusieurs personnes qui y entraient ou en sortaient. Et attendu que, d'après les

---

(1) Les aubergistes sont en contravention;

1° Quand ils ne tiennent pas régulièrement un registre sur lequel doivent être inscrits de suite et sans aucun blanc, les noms, qualité, domicile habituel, dates d'entrée et de sortie de toute personne qui aurait logé chez eux;

2° Quand ils ne ferment pas leurs établissements à l'heure indiquée par les règlements de l'autorité municipale;

3° Quand ils ne placent pas de lanterne devant leur maison pour éclairer les voitures qui y stationnent. (*Art. 475, nos 2 et 471 du Code pénal.*)

règlements de l'autorité municipale, les auberges doivent être fermées à... heures du soir, et que ledit sieur... était en contravention à ces règlements, nous avons dressé contre lui le présent procès-verbal.

Clos et signé le..., à... heure du...

XVIII. — *Procès-verbal pour absence de lanterne pour éclairer les voitures stationnant devant la porte d'une auberge.*

Le..., etc., faisant notre tournée de nuit et passant dans la rue..., nous avons aperçu plusieurs voitures et charrettes devant la porte de l'auberge tenue par le sieur... Nous avons remarqué en outre qu'il n'avait pas été placé de lanterne pour éclairer le devant de la maison. Attendu que, par cette négligence, le sieur... se trouve en contravention, nous avons dressé contre lui le présent procès-verbal.

Clos et signé le...

BACS ET BATEAUX (1).

XIX. — *Procès-verbal pour excès de chargement.*

Le.. du mois de.., etc. (*comme au modèle n° 1*), nous trouvant au lieu où est établi le bac tenu par le sieur..., nous avons reconnu qu'il y avait dans ledit

(1) Partout où il existe un service de bacs ou bateaux de passage, il est réglementé par un cahier des charges que les gardes-champêtres doivent connaître et faire exécuter dans ses dispositions.

En général, il y a contravention en cette matière :

1° Quand les bacs sont chargés d'un nombre de personnes ou de voitures supérieur à celui qui est déterminé ;

2° Quand le mauvais état des bateaux et de leurs agrès compromet bac (*tant de*) personnes (*tant de*) voitures *ou* de chevaux ; et que cette charge extraordinaire compromettait la sûreté des passagers et mettait le bac en danger de couler. Et attendu que ledit sieur... a contrevenu à l'article... du cahier des charges de son bail, qui lui enjoint de ne jamais admettre plus de... personnes ou.. voitures sur son bac, nous lui avons déclaré procès-verbal de cette contravention.

Clos et signé par nous ledit jour, à... heure du...

XX. — *Procès-verbal pour mauvais état du bateau et des agrès.*

Le.. du mois de.., etc. (*comme au modèle n° 1*), nous avons reconnu que plusieurs planches du bac tenu par le sieur... étaient percées ou pourries (*ou* que ledit bac faisait eau dans *telle partie* ; *ou* que ledit bac était dépourvu de *tels agrès*), ce qui en rendait l'usage dangereux. En conséquence, nous avons fait défense audit sieur..., de se servir de ce bac avant que les réparations nécessaires fussent faites, sous peine d'a-

---

la sûreté des passagers;

3° Quand le tarif des droits à payer n'est pas affiché en un endroit ostensible du bac;

4° Quand les bateliers exigent un droit de passage excédant le tarif, ou qu'un passager refuse de payer ce qu'il doit.

(*Loi du 6 frimaire, an VII, art. 51 et suivants.*)

Les contraventions comprises sous les trois premiers numéros, étant jugés administrativement, les procès-verbaux doivent être transmis au sous-préfet; mais il faut remettre au maire ou au juge de paix les procès-verbaux constatant celles qui sont de l'espèce indiquée sous le n° 4, attendu qu'elles sont de la compétence du tribunal de simple police.

Les gardes-champêtres ont la franchise de péage dans tous les bacs de passage situés dans leurs circonscriptions. (*Décision du Ministre des finances, avril 1858.*)

mende et de confiscation, et nous avons dressé le présent procès-verbal qui sera transmis à M. le Sous-Préfet pour y être donné telles suites qu'il appartiendra.

Clos et signé par nous ledit jour, à... heure du...

XXI. — *Procès-verbal pour défaut d'affiche du tarif.*

Le .. du mois de.., etc. (*comme au modèle n° 1*), nous étant rendu au lieu où est établi le bac tenu par le sieur..., nous avons remarqué que le tarif des droits à percevoir n'était affiché dans aucun endroit ostensible du bac, nous avons, en conséquence, déclaré audit sieur..., qu'il était en contravention à l'article... du cahier des charges de son bail et nous avons dressé procès-verbal de ladite contravention.

Clos et signé, etc.

XXII. — *Procès-verbal pour contravention au tarif des droits de passage.*

Le . du mois de... mil huit cent cinquante..., nous, garde-champêtre de la commune de. ., ayant appris que le sieur . , batelier au bac de..., exigeait des passagers une plus forte rétribution que celle qui est portée au tarif, nous nous sommes transporté au lieu où est situé ledit bac, et nous nous sommes effectivement assuré que le batelier a exigé des sieurs . , la somme de . , tandis que, d'après le tarif, ils ne lui devaient que celle de .., et que cette somme a été payée en présence des sieurs...

Attendu que ledit batelier a ainsi contrevenu à l'article 52 de la loi du 6 brumaire an VII, nous avons dressé procès-verbal de cette contravention.

Clos et signé par nous ledit jour, à... heure du...

BAN DE VENDANGES (1).

XXIII. — *Procès-verbal contre individus vendangeont avant l'ouverture du ban.*

Le. du mois de... mil huit cent..., à heure du..., nous (*nom et prénoms*), garde-champêtre de la commune de..., dûment assermenté et portant le signe caractéristique de nos fonctions, faisant notre tournée ordinaire, avons aperçu dans une vigne non close, située au lieu dit.., appartenant au sieur..., des individus occupés à vendanger. Nous étant approché d'eux nous leur avons fait observer qu'ils vendangeaient contrairement aux règlements qui n'ouvrent le ban de vendange que le (*date*); ils nous ont déclaré qu'ils travaillaient pour le compte et par l'ordre du propriétaire de ladite vigne ; sur notre réquisition ils ont cessé tout travail de vendange. Nous avons reconnu les contrevenants pour être les sieurs (*noms et prénoms des vendangeurs*).

Et de tout ce qui précède nous avons dressé le présent procès-verbal que nous avons clos et signé à... heure.

BESTIAUX (2).

XXIV. — *Procès-verbal pour dégâts causés par des bestiaux.*

Le... du mois de..., etc., nous trouvant au lieu

---

(1) Aux termes de l'article 475 du Code pénal sont punis d'une amende de six à dix francs ceux qui contreviennent aux bans de vendanges et autres bans autorisés par le règlement. Le procès-verbal doit être remis au commissaire cantonal ou au maire dans les communes où il n'y a pas de commissaire.

(2) Voir aux mots : *Epizooties*, *Animaux*.

dit..., nous avons aperçu dans une pièce de terre (*si elle est close indiquer le genre de clôture*) ensemencée en .. et appartenant à , un *ou* des (*indiquer le nombre et le genre de bestiaux*) gardés par le nommé..., fils (*ou domestique*) du sieur .., propriétaire des bestiaux. Nous avons enjoint à cet enfant de faire sortir son (*ou ses*). de cette pièce de terre, ce à quoi il a obtempéré. Nous avons évalué le dommage causé par ces bestiaux à la somme de ..

Clos et signé le..., à heure du..

XXV. — *Procès-verbaux pour dégâts causés par des bestiaux abandonnés.*

Le. . du mois de... etc., nous trouvant au canton dit..., nous avons aperçu (*nombre et espèce des animaux*) qui pâturaient sans gardien dans une pièce de terre ensemensée de .. (*ou dans une prairie*) appartenant au sieur..., et qui y avaient causé des dégâts que nous avons évalués à la somme de.. . Nous avons à l'instant saisi ces bestiaux et les avons conduits en l'écurie du sieur..., désignée par M. le Maire pour la mise en fourrière.

Le présent procès-verbal a été clos et signé par nous le...

BORNES (1).

XXVI. — *Procès-verbal pour déplacement ou enlèvement de bornes servant de limites aux propriétés.*

Le... du mois de .., etc. (*comme au modèle n° 1*), nous avons surpris le sieur (*nom, profession, demeure*),

---

(1) Il y a délit correctionnel puni d'un emprisonnement d'un mois

occupé à déplacer une borne qui sert de limite aux propriétés des sieurs . ., situées au canton dit. . . L'ayant interpellé sur le motif de son entreprise, il a répondu (*mentionner sa réponse*). Mais, attendu que ledit sieur. . . a contrevenu à l'article 456 du Code pénal, nous lui avons déclaré procès-verbal de cette contravention.

Clos et signé par nous ledit jour, à. . heure du. . .

XXVII. — BRUITS ET TAPAGES NOCTURNES (2).

Le. . . du mois de. . , etc. (*comme au modèle n° 1*), passant vers. . . heure du soir dans la rue de. . ., nous avons entendu des cris et des vociférations qui paraissaient provenir d'un groupe d'individus qui stationnaient devant la maison du sieur . . (*ou* du cabaret tenu par le sieur.). Nous étant transporté sur les lieux nous avons reconnu que les auteurs de ce bruit étaient les sieurs (*noms, profession et demeure de chacun d'eux*).

à un an et d'une amende de cinquante francs au moins de la part de quiconque déplace ou supprime le signe ou pied-cornier qui marque la limite de deux propriétés voisines, que ce signe soit une borne ou un arbre. (*Art. 456 du Code pénal.*)

Il y a crime puni de la réclusion si cet enlèvement a eu lieu dans le but de commettre un vol. (*Loi du 28 avril 1832.*)

Les procès-verbaux doivent être remis au procureur impérial.

(2) Art. 479 du Code pénal: seront punis d'une amende de onze à quinze francs les auteurs de bruits ou tapages nocturnes troublant la tranquillité des habitants.

Art. 480, n° 5. Pourra, selon les circonstances, être prononcée la peine d'emprisonnement pendant cinq jours au plus, contre les auteurs ou complices de bruits, de tapages injurieux ou nocturnes.

Sont considérés comme bruits et tapages nocturnes les réunions tumultueuses, les disputes et querelles sur la voie publique, les cris, les chants, les charivaris qui, pendant la nuit, troublent le repos des habitants.

Le procès-verbal doit être remis au maire et les délinquants traduits au tribunal de simple police.

Nous les avons sommé de cesser leurs clameurs et leur avons déclaré que nous allions dresser procès-verbal de leur contravention.

Clos et signé ledit jour, à heure du...

CABARETS (1).

XXVIII. — *Procès-verbal contre un individu qui aurait ouvert un cabaret ou un débit de boissons sans autorisation.*

Le .. du mois de..., etc. (*comme au modèle n° 1*), nous avons remarqué qu'un nouveau café (*ou* cabaret) avait été ouvert dans la commune, rue. ., n°. ., par le sieur...; nous nous sommes présenté chez lui et l'avons sommé de nous représenter l'autorisation dont il devait être pourvu aux termes de la loi pour ouvrir son établissement, ce qu'il n'a pu faire. En conséquence nous avons dressé contre lui le présent procès-verbal qui a été clos et signé par nous le..., à... heure du...

---

(1) Les propriétaires de cabarets, cafés ou autres débitants de boissons sont en contravention:

1° Lorsqu'ils ont ouvert leur établissement sans la permission de l'autorité ou contrairement à un arrêté de fermeture. La peine encourue est d'un emprisonnement de six jours à six mois et d'une amende de vingt-cinq à cinq cents francs (*Décret du 29 décembre 1851*);

2° Lorsqu'ils ne se conforment pas aux règlements de police locale en ce qui concerne l'heure de la fermeture, l'admission de jeunes gens au-dessous de seize ans, la fermeture de l'établissement pendant les offices, etc.

Les infractions de l'espèce indiqué sous le n° 1, étant des délits correctionnels, les procès-verbaux qui les constatent doivent être remis au procureur impérial.

Les procès-verbaux des contraventions comprises sous le n° 2, donnant lieu à des peines de simple police, doivent être remis au commissaire cantonal ou au maire.

XXIX. — *Procès-verbal contre le propriétaire d'un café ou cabaret qui n'aurait pas fermé pendant les heures d'office.*

Le . . du mois de . . mil huit cent cinquante ., nous, garde-champêtre de la commune de . . ., dûment assermenté et portant le signe caractéristique de nos fonctions, nous trouvant à . . heure du matin pendant l'office du dimande, dans la rue. . ., nous avons remarqué que plusieurs individus entraient dans le cabaret (*ou* le café) tenu par le sieur. . . Nous étant présenté dans cet établissement nous avons vu les mêmes individus assis autour d'une table sur laquelle on leur avait servi différentes boissons. Nous avons immédiatement déclaré audit sieur . . qu'il était en contravention au règlement de police qui prescrit la fermeture des débits de boissons pendant les heures d'office, et nous avons dressé le présent procès-verbal que nous avons clos et signé ledit jour, à . . . heure du. . .

XXX. — *Procès-verbal contre le propriétaire d'un cabaret qui aurait servi à boire à des jeunes gens au-dessous de seize ans, non accompagnés de leurs parents.*

Le . . du mois de, etc. (*comme au modèle n° 1*), nous étant présenté dans le cabaret tenu par le sieur . ., nous avons remarqué au nombre des consommateurs assis autour d'une table sur laquelle étaient disposées différentes boissons, les sieurs. . ., tous âgés de moins de seize ans. Nous avons aussitôt déclaré au sieur. . ., propriétaire de l'établissement, qu'il était en contravention au règlement de police qui lui défend d'admettre des jeunes gens âgés de moins de seize ans lorsqu'ils ne sont pas accompagnés de leurs parents, et nous avons dressé le présent procès-verbal que nous avons clos et signé le jour ci dessus indiqué, à... heure du..

CHANVRE (1).

XXXI. — *Procès-verbal pour rouissage du chanvre dans des conditions contraires aux règlements.*

Le... du mois de..., etc. (*comme au modèle n°* 1), nous avons remarqué que le sieur (*nom, profession, demeure*), avait déposé du chanvre pour le faire rouir dans la rivière de .. (*ou* le ruisseau de.., *ou* la fontaine, *ou* la mare), au canton dit..., à une distance de moins de cent mètres de la maison de.. (*ou* du chemin de..); nous avons aussitôt sommé ledit sieur... de retirer ce chanvre de l'eau, lui déclarant qu'il est en contravention à la loi.

Le présent procès-verbal a été clos et signé par nous le jour ci-dessus indiqué, à... heure du..

---

(1) Le rouissage du chanvre, ayant pour effet de corrompre l'eau dans laquelle on le pratique, peut occasionner des maladies graves aux bestiaux et produire des émanations dangereuses pour les habitants.

Aussi il est défendu de faire rouir du chanvre en grand à une distance de cent mètres au moins de toute habitation, route ou chemin. (*Ordonnance du 14 janv. 1815.*)

Il y a généralement des règlements locaux sur cette matière; les gardes-champêtres doivent veiller à l'exécution de leurs dispositions.

Les contraventions étant de simple police, les procès-verbaux doivent être remis au maire.

Si, dans le cas prévu dans la formule ci-dessus, le délinquant n'obéit pas à la sommation, il y a lieu de faire un second procès-verbal suivant le modèle n° XII.

CHARRETIERS.

(Voir *Roulage.*)

CHASSE (1).

XXXII. — *Procès-verbal de* chasse sans permis.

Le...., etc., faisant notre tournée ordinaire et nous

---

(1) Sont en contravention en matière de chasse et passibles d'une amende de seize à cent francs :

1° Ceux qui chassent sans permis (excepté dans un terrain clos);

2° Ceux qui chassent sur le terrain d'autrui sans son consentement;

3° Ceux qui contreviennent aux arrêtés des préfets concernant les oiseaux de passage, le gibier d'eau, la chasse en temps de neige, l'emploi des chiens lévriers, la destruction des oiseaux et celle des animaux nuisibles ou malfaisants;

4° Ceux qui auront pris ou détruit, sur le territoire d'autrui, des œufs ou couvées de faisans, de perdrix ou de cailles;

5° Ceux qui auront contrevenu aux clauses et conditions des cahiers des charges relatifs à la chasse dans les bois soumis au régime forestier ou aux chasses louées au profit des communes. (*Art. 11 de la loi du 3 mai 1844*).

La gratification accordée à tout garde qui aura constaté par procès-verbal une des infractions ci-dessus spécifiées est de huit francs. (*Ordon. du 5 mai 1845*).

Sont punis d'une amende de cinquante à deux cents francs et pourront en outre l'être d'un emprisonnement de six jours à deux mois :

1° Ceux qui auront chassé en temps prohibé;

2° Ceux qui auront chassé pendant la nuit ou à l'aide d'engins et instruments prohibés (l'amende peut être doublée si c'est sur le terrain d'autrui);

3° Ceux qui sont détenteurs d'engins et instruments prohibés;

4° Ceux qui, pendant que la chasse est fermée, auront mis en vente, vendu, acheté, transporté ou colporté du gibier;

5° Ceux qui auront employé des drogues ou appâts qui sont de nature à enivrer le gibier ou à le détruire;

6° Ceux qui auront chassé avec appeaux, appelants ou chanterelles

trouvant au lieu dit..., sur le territoire de cette commune, nous avons aperçu à environ. . mètres de nous un individu qui chassait avec (*indiquer l'instrument de chasse*), et ayant près de lui un chien qui quêtait le gibier. Nous étant approché de lui nous avons reconnu que c'était le sieur (*nom, profession, domicile*). Nous l'avons sommé de nous présenter son permis de chasse, ce qu'il n'a pu faire; nous lui avons en conséquence déclaré qu'il était en contravention à la loi et que nous en dresserions procès-verbal.

Clos et signé le .., à... heure du...

XXXIII.—*Procès-verbal de chasse en temps prohibé.*

Le... du mois de..., etc., étant en tournée ordinaire et nous trouvant au lieu dit .., au territoire de

---

(*Art. 12 de la même loi*). Même dans un terrain clos (jugement du trib. de Lyon du 13 déc. 1858.)

Quand un délit de chasse a été commis par un garde-champêtre ou forestier, la peine encourue est toujours portée au maximum. (*Art. 12, § 5.*)

Tout procès-verbal constatant un des six délits énumérés ci-dessus donne droit à celui qni l'a dressé à une gratification de quinze francs; cette gratification est de vingt-cinq francs s'il s'agit de délit de chasse commis *pendant la nuit*, sur le terrain d'autrui sans son consentement, si ce terrain est attenant à une habitation et s'il est entouré d'une clôture continue. Dans ce cas, le délinquant est passible d'une amende de cent francs à mille francs et d'un emprisonnement de trois mois à deux ans. (*Art. 13, § 2 de la loi du 3 mai 1844; art. 1 de l'ordon. du 5 mai 1845.*) Il n'y a pas lieu de verbaliser pour fait de chasse contre le propriétaire d'un chien qui chasse seul. (*Arrêt de la Cour de cassation du 21 juillet 1855.*)

Tous les procès-verbaux de chasse doivent être transmis au procureur impérial de l'arrondissement.

Les délinquants ne peuvent pas être arrêtés ni désarmés: toutefois s'ils refusent de faire connaître leurs noms ou s'ils n'ont pas de domicile connu ils doivent être conduits devant le maire ou le juge de paix, lequel s'assurera de leur individualité.

cette commune, nous avons aperçu un individu armé d'un fusil et suivant deux chiens courants qui étaient en pleine chasse ; nous étant approché de lui nous l'avons reconnu pour être le sieur (*nom, profession, domicile*), et nous lui avons déclaré que la chasse étant fermée par l'arrêté de M. le préfet en date du. . . , il était en contravention et que nous en dressions procès-verbal.

Clos et signé, etc.

XXXIV. — *Procès-verbal pour chasse sur terrain d'autrui.*

Le. . , etc., ayant entendu tirer un coup de fusil du côté du lieu dit. . ., au territoire de cette commune, nous nous y sommes à l'instant transporté, et y étant arrivé, nous avons aperçu dans une pièce de. . , appartenant au sieur. . ., deux particuliers armés chacun d'un fusil, lesquels paraissaient chercher une pièce qu'ils avaient blessée ; m'étant avancé vers eux, je leur ai représenté qu'il n'était pas permis de chasser ainsi dans les propriétés d'autrui, et leur ayant demandé leur permis de chasse j'ai constaté que l'un d'eux se nommait (*nom, profession, domicile*), et l'autre. . ., et j'ai dressé contre tous deux le présent procès-verbal.

Clos et signé le. . ., à. . heure du . .

XXXV. — *Chasse en temps de neige.*

Le. . ., etc, nous trouvant au canton de. . ., sur le territoire de cette commune, nous avons aperçu un individu armé d'un fusil, précédé de deux chiens courants qui donnaient de la voix à quelque distance de lui ; nous étant approché de lui nous l'avons reconnu pour être le sieur (*nom, profession, et domicile*), et nous lui avons déclaré que la chasse étant défendue en temps de neige, par arrêté de M. le préfet en date du..., il était en contravention audit arrêté, et que nous dresserions procès-verbal contre lui.

Clos et signé le.., à. heure du...

XXXVI. — *Abandon d'armes ou d'engins.*

Le.., etc., nous trouvant en tournée de surveillance de braconniers nous avons aperçu un individu vêtu (*indiquer le genre et la couleur du vêtement*), qui était occupé à tendre des filets (*indiquer le genre et la distinction des filets ou des autres engins dont se serait servi le chasseur*); nous étant approché de lui, le chasseur a pris la fuite abandonnant ses filets (*ou autres engins*) sans que nous ayons pu le reconnaître : conformément à l'article 16 de la loi du 3 mai 1844, nous avons saisi les objets abandonnés pour les déposer au greffe du tribunal, et nous avons dressé le présent procès-verbal que nous avons clos et signé ledit jour, à... heure du..

CHEMINS COMMUNAUX. (1)

XXXVII. — *Procès-verbal pour dépôts sur un chemin* (vicinal *ou* rural).

Le.. du mois de..., etc. (*comme au modèle n° 1*),

---

(1) Sont en contravention :

1° Ceux qui auront dégradé ou détérioré de quelque manière que ce soit, les chemins publics ou usurpé sur leur largeur;

2° Ceux qui sans y être autorisés, auront enlevé des chemins publics les gazons, terres ou pierres (*Art. 479, nos 11 et 12 du Code pénal*);

3° Ceux qui auront embarrassé, sans nécessité, la voie publique par des dépôts de quelques matériaux qu'ils soient; ou qui auraient

nous avons remarqué qu'un dépôt de fumiers (*ou* de matériaux) existait sur le chemin de.. , au lieu dit..., vis-à-vis un champ appartenant au sieur (*nom, profession, demeure*); ayant appris que ce dépôt était le fait dudit sieur . , nous l'avons sommé de le faire enlever immédiatement, et attendu que ce dépôt constitue une contravention prévue par l'article 471, n° 4 du Code pénal, nous avons dressé le présent procès-verbal que nous avons clos et signé ledit jour, à.. heure du...

XXXVIII. — *Procès-verbal pour dégradation commise sur un chemin.*

Le .. du mois de..., etc. (*comme au modèle n° 1*), nous avons remarqué que le sieur (*nom, profession, demeure*), avait dégradé le chemin de .., au lieu dit.. , en enlevant des gazons sur ses accotements (*ou*

---

négligé d'éclairer par une lumière, les dépôts qu'ils auraient été dans la nécessité d'y établir. (*Art. 471, du Code pénal, n° 4.*)

Les dispositions qui précèdent s'appliquent à toute espèce de chemins, et leur infraction constitue des contraventions de simple police.

Des règlements particuliers rendus soit par les préfets en ce qui concerne les chemins *vicinaux*, soit par les maires en ce qui touche les chemins *ruraux* contiennent d'autres prescriptions dont la violation est punie, suivant les cas, par les tribunaux correctionnels ou par ceux de simple police. Les principaux objets de ces règlements sont: 1° l'*alignement* à demander pour les constructions et clôtures qui bordent les chemins; 2° les *plantations* d'arbres ou de haies établies ou à établir le long de ces chemins et l'*élagage* desdits arbres; 3° la distance à observer pour l'établissement de *carrières* près des chemins.

Tous les procès-verbaux constatant des contraventions commises sur des chemins communaux doivent être *visés sur timbre et enregistrés en débet*, et déférés par les maires aux tribunaux de police, et non aux conseils de préfecture qui ne sont compétents que pour les délits de grande voirie.

en commettant toute autre dégradation). Attendu que ce fait constitue une contravention à l'article 479, n° 11 du Code pénal, nous avons dressé le présent procès-verbal que nous avons clos et signé ledit jour, à... heure .

XXXIX. — *Procès-verbal pour anticipation sur un chemin.*

Le .., etc., nous trouvant sur le chemin de.. , au lieu dit. ., sur le territoire de cette commune, nous nous sommes aperçu que le sieur. ., domestique au service du sieur (*nom, profession, domicile*), avait anticipé sur ledit chemin d'environ... mètres de longueur sur . . mètres de largeur, en labourant une pièce de terre située audit lieu. Ayant demandé audit sieur pourquoi il avait ainsi usurpé sur ce chemin, il nous a répondu (*écrire la réponse*). Mais attendu que cette usurpation est une infraction aux lois nous en avons dressé procès-verbal.

Clos et signé par nous le. ., à heure du. .

XL. — *Procès-verbal pour construction ou plantation d'arbres ou de haies le long d'un chemin rural sans avoir demandé l'alignement (lorsqu'il existe à cet égard un règlement prohibitif émané de l'autorité municipale).*

Le... du mois de..., etc. (*comme au modèle n° 1*), nous avons remarqué que le sieur (*nom, profession, demeure*). a fait construire un bâtiment (*ou* un mur) le long du chemin de .., au canton de.. . Nous avons demandé audit sieur s'il s'était conformé à l'arrêté de M. le maire, en date du.. , qui prescrit à tout propriétaire riverain d'un chemin rural de demander à l'autorité municipale l'alignement de toutes les constructions qu'il veut établir sur la limite de cette voie publique. Mais, attendu que ledit sieur n'a pu justifier de l'accomplissement de cette formalité nous avons dressé contre lui le présent procès-verbal, que nous avons clos et signé ledit jour, à . . heure du . .

CHEMINS DE FER (1).

XLI. — *Procès-verbal de grande voirie en matière de chemin de fer.*

Le. . . du mois de . , etc. (*comme au modèle n°* 1),

(1) Aux termes de la loi du 15 juillet 1345, les chemins de fer font partie de la grande voirie et les délits qui s'y commettent peuvent être constatés par les gardes-champêtres concurremment avec d'autres agents. (*Art.* 1 *et* 23.)

Ces délits sont de diverses natures. Voici les dispositions de la loi dont il s'agit, classées suivant le genre de ces délits :

Contraventions de grande voirie. — Art. 2 Sont applicables aux chemins de fer les lois et règlements sur la grande voirie qui ont pour objet d'assurer la conservation des fossés, talus, levées et ouvrages d'art dépendant des routes, et d'interdire sur toute leur étendue le pacage des bestiaux et autres objets quelconques.

Art. 3. Sont applicables aux propriétés riveraines des chemins de fer les servitudes imposées par les lois et règlements sur la grande voirie et qui concernent : l'alignement, l'écoulement des eaux, l'occupation temporaire des terrains en cas de réparation, la distance à observer pour les plantations et l'élagage des arbres plantés, le mode d'exploitation des mines et carrières dans la zone déterminée à cet effet.

Contraventions commises par les entrepreneurs et employés de chemins de fer. — Art 4. Tout chemin de fer doit être clos des deux côtés et sur toute l'étendue de la voie. Partout où les chemins de fer croiseront de niveau les routes de terre, des barrières seront établies et tenues fermées, conformément aux règlements.

Art. 5. Aucune construction autre qu'un mur de clôture ne pourra

nous avons aperçu le sieur (*nom, profession, domicile*); qui faisait paître une vache sur le talus du chemin de fer de. . ., au canton dit. . . (*ou* qui coupait du gazon dans le fossé bordant le chemin de fer, etc.) Attendu que ce fait constitue une contravention à l'article 2 de

---

être établie dans une distance de deux mètres d'un chemin de fer. Cette distance doit être mesurée soit de l'arête supérieure du déblai, soit de l'arête inférieure du talus du remblai, soit du bord extérieur des fossés du chemin.

Art. 6. Dans les localités où le chemin de fer se trouvera en remblai de plus de trois mètres au-dessus du terrain naturel, il est interdit aux riverains de pratiquer des excavations dans une zône de largeur égale à la hauteur verticale du remblai, à partir du pied du talus, sans une autorisation

Art. 7. Il est défendu d'établir à une distance de moins de vingt mètres d'un chemin de fer desservi par des machines à vapeur, des couvertures en chaume, des meules de paille, de foin et aucun autre dépôt de matières inflammables. Cette prohibition ne s'étend pas aux dépôts de récoltes faits seulement pour le temps de la moisson.

Crimes et délits. — Art. 16. Quiconque aura volontairement détruit la voie de fer, placé sur la voie un objet faisant obstacle à la circulation ou employé un moyen quelconque pour entraver la marche des convois, ou les faire sortir des rails, sera puni de la réclusion.

Art. 19. Quiconque aura involontairement causé sur un chemin de fer ou dans les gares ou stations, un accident qui aura occasionné des blessures, sera puni de huit jours à six mois d'emprisonnement et d'une amende de cinquante à mille francs. Si l'accident a occasionné la mort d'une ou de plusieurs personnes l'emprisonnement sera de six mois à cinq ans et l'amende de trois cents à trois mille francs.

Art. 21. Toute contravention aux règlements sur la police de sûreté et l'exploitation d'un chemin de fer sera punie d'une amende de seize francs à trois mille francs.

— Pour se renseigner complétement sur les objets confiés à leur surveillance, les gardes-champêtres des communes traversées par des chemins de fer, doivent prendre une connaissance exacte des règlements de MM. les Préfets.

Tout ce que nous pouvons faire c'est de leur donner une formule pour chacun des genres de délits énumérés dans la classification qui précède.

la loi du 18 juillet 1845, nous avons déclaré audit sieur . . , que nous dresserions procès-verbal tant contre lui que contre son maître (*ou* son père), comme civilement responsable.

XLII. — *Procès-verbal pour établissement d'une meule de foin ou de paille, ou des couvertures en chaume, à une distance de moins de vingt mètres d'un chemin de fer.*

Le. . . du mois de. . . , etc. (*comme au modèle n*o 1), nous avons remarqué qu'une meule de foin (*ou* de paille, *ou* une couverture en chaume, avait été établie au canton de. . . , sur la propriété du sieur (*nom, profession, domicile*), à une distance de. . . mètres du chemin de fer de. . . Attendu que ce fait constitue une contravention à l'article 7 de la loi du 15 juillet 1845, nous en avons dressé le présent procès-verbal.

Clos et signé par nous ledit jour, à. . heure du. . .

XLIII. — *Procès-verbal pour crimes et délits intéressant la sûreté des chemins de fer.*

Le. . . du mois de. . . , etc. (*comme au modèle n*o 1), nous avons aperçu un individu qui, après avoir franchi la clôture du chemin de fer au lieu dit . . , le long de la propriété du sieur. . , avait déposé sur la voie une pierre (*ou* s'efforçait d'arracher les rails au moyen de...) nous nous sommes immédiatement mis à la poursuite de cet individu, et, après l'avoir atteint, nous lui avons demandé son nom et son domicile, et quel avait été le but de son entreprise ; il nous a répondu (*consigner la déclaration*); mais vu le flagrant délit de violation de l'article 16 de la loi du 15 juillet 1845, nous avons mis en arrestation le prévenu, et nous avons dressé le présent procès-verbal que nous avons clos et signé ledit jour..., à..., heure du...

XLIV. — *Procès-verbal pour contravention commise par des entrepreneurs ou employés de chemins de fer.*

Le... du mois de..., etc. (*comme au modèle n° 1*), nous nous sommes aperçu que depuis... jours le chemin de fer de... était dépourvu de clôtures sur une étendue de... mètres, au lieu dit..., le long de la propriété du sieur... (*ou* du chemin de...). Attendu que ce fait constitue une contravention à l'article 4 de la loi du 15 juillet 1845, nous en avons dressé procès-verbal conformément à l'article 23 de la même loi.

Clos et signé par nous ledit jour, à... heure du...

CHEVAUX.

(Voir *Epizootie*, *Abreuvoir*, *Animaux.*)

CLOTURES (1).

XLV. — *Procès-verbal pour destruction de clôture.*

Le... du mois de.., mil huit cent..., etc., nous avons aperçu le sieur... qui arrachait les haies sèches (*ou autre clôture de quelques matériaux qu'elle soit*), qui bordent la propriété du sieur..., au lieu dit... Nous

(1) La destruction de clôture est un délit prévu par l'article 456 du Code pénal et puni d'un emprisonnement d'un mois à une année

lui avons déclaré qu'il était en contravention à la loi et l'avons sommé de se retirer, ce qu'il a fait.

Le présent procès-verbal a été clos et signé par nous le... du mois..., etc.

XLVI. — *Procès-verbal pour ouverture d'une clôture à l'effet de se frayer un passage.*

Le... du mois de..., etc. (*comme au modèle n° 1*), nous avons aperçu le sieur (*noms, profession, demeure*), qui, pour se frayer un passage, faisait une ouverture à la clôture composée de..., qui entoure la propriété du sieur..., au canton dit... Nous lui avons déclaré qu'il était en contravention à la loi, et nous avons en conséquence dressé contre lui le présent procès-verbal que nous avons clos et signé ledit jour, à... heure du...

Si le délinquant est un étranger à la commune, paraissant en état de vagabondage, le garde-champêtre l'arrêtera et le conduira devant le maire. Cette circonstance doit être mentionnée au procès-verbal ainsi qu'il suit :

Nous avons aperçu un individu qui enlevait une pièce

---

et d'une amende qui ne peut être au-dessous de cinquante francs.

La peine dont il s'agit étant correctionnelle, le procès-verbal doit être transmis au procureur impérial.

Si l'individu surpris en commettant ce délit est inconnu du garde, celui-ci peut l'arrêter et le conduire devant le maire.

Quand on se borne à déranger une clôture pour se frayer un passage, on commet une contravention de simple police punie d'une amende à la valeur de trois journées de travail sans préjudice des dommages-intérêts dus au propriétaire. (*Loi du 8 décembre 1791, titre 2, art. 41.*)

de clôture de la propriété du sieur... , située au canton dit... Sommé de nous dire son nom et son domicile, il a déclaré (*mentionner la déclaration*). Nous lui avons alors demandé ses papiers, il nous a répondu qu'il n'en avait pas. En conséquence nous avons arrêté au nom de la loi ce délinquant et l'avons conduit devant M. le Maire.

Le présent procès-verbal a été clos et signé par nous ledit jour, à... heure du...

COLPORTEUR (1).

XLVII. — *Procès-verbal contre un colporteur de livres qui n'est pas pourvu d'une permission du préfet.*

Le... du mois de... mil huit cent..., etc., nous avons rencontré un individu qui colportait des livres dans l'intérieur de la commune; nous l'avons sommé de nous représenter la permission de M. le Préfet, exigée par la loi pour la vente et le colportage des livres; il nous a répondu qu'il ne s'était pas pourvu de cette pièce, et nous a exhibé d'autres papiers qui

---

(1) Tout individu qui colporte des livres pour les vendre est en contravention :

1° S'il n'est pas muni d'une permission délivrée par le préfet du département; la peine encourue est d'un emprisonnement d'un mois à six mois et d'une amende de vingt-cinq à cinq cents francs. (*Art. 6 de la loi du 29 juillet* 1849.) Les contrevenants doivent être arrêtés.

2° Si tous les livres mis en vente ne sont pas revêtus sur la couverture de l'estampille ou timbre spécial du ministère de l'intérieur ou de la préfecture du département. Les livres ne portant pas cette estampille doivent être saisis. (*Circulaire du ministre de l'intérieur, du 28 juillet* 1852.) Dans ce cas il n'y a pas lieu à arrestation.

ne nous ont pas paru pouvoir en tenir lieu, mais desquels il résulterait qu'il se nomme..., et qu'il est domicilié à... Attendu le flagrant délit nous avons déclaré au sieur... qu'il était en état d'arrestation, et nous l'avons conduit devant M. le Maire pour être mis à la disposition de M. le Procureur impérial.

Le présent procès-verbal a été clos et signé par nous le...

XLVIII. — *Procès-verbal contre un colporteur de livres, trouvé nanti d'ouvrages qui ne seraient pas revêtus de l'estampille de l'administration.*

Le... du mois de..., etc., nous avons rencontré dans l'intérieur de la commune, dans la rue de..., un individu qui se livrait au commerce de livres. L'ayant sommé de nous représenter la permission de M. le Préfet, dont il devait être pourvu aux termes de la loi, il nous a exhibé cette pièce que nous avons trouvée en règle. Ayant ensuite examiné successivement plusieurs des livres contenus dans sa balle, nous avons remarqué que (*nombre*) de ces livres n'étaient pas revêtus du timbre de colportage. Nous avons demandé à cet individu de nous dire son nom et sa demeure, il a répondu qu'il s'appelait..., demeurant... Nous avons vérifié l'exactitude de cette déclaration sur le permis dont il était porteur. Nous avons déclaré au sieur... qu'il était en contravention en raison du défaut d'estampille sur les livres intitulés..., et nous avons saisi lesdits livres pour les joindre au présent procès-verbal que nous avons clos et signé ledit jour, à... heure du...

COURS D'EAU (1).

XLIX. — *Procès-verbal pour inondation causée par la trop grande hauteur du déversoir d'un moulin.*

Le... du mois de... mil huit cent..., etc. (*comme au modèle n° 1*), nous avons remarqué que le chemin de... à.., (*ou* la propriété du sieur...), situé en amont

(1) Les cours d'eau se divisent en deux grandes classes :

La première comprend les rivières navigables ou flottables ; tous les autres cours d'eau font partie de la seconde.

Les rivières navigables ou flottables sont du domaine public, et les contraventions aux règlements de police qui les concernent sont assimilées aux contraventions de grande voirie et jugées administrativement à l'exception des délits de pêche. (*Loi du 29 floréal an VI.*)

Les autres cours d'eau appartiennent aux riverains, et les contraventions de police qui y sont relatives doivent être portées, suivant leur nature, devant les tribunaux de simple police ou de police correctionnelle. (*Ordonn. du* 15 *mars* 1803.)

Quelque soit la nature du cours d'eau, on commet une contravention :

1° Quand on inonde l'héritage de son voisin, ou qu'on lui transmet volontairement les eaux d'une manière nuisible. A cet effet, les propriétaires ou fermiers de moulins ou d'autres usines doivent tenir les eaux à une hauteur qui ne nuise à personne et qui est fixée par un règlement du préfet, sous peine d'une amende qui ne peut être au-dessous de cinquante francs, ni excéder le quart des dommages. *Art.* 15 *et* 16 *du titre* 2 *de la loi du* 6 *octobre* 1791, *art.* 457 *du Code pénal.*)

2° Quand on établit, sans y être autorisé par un décret, un moulin ou une usine hydraulique quelconque. (*Ordonn. du* 14 *mai* 1817.)

S'il s'agit d'une rivière ou d'un canal navigable, la loi considère comme contraventions de grande voirie, les anticipations, les constructions, les dépôts de quelque nature qu'ils soient, et toutes espèces de détériorations commises sur ces cours d'eau, leurs chemins de halage, francs bords, fossés et ouvrages d'art. (*Ord. du mois d'août* 1669. *Décret du* 10 *avril* 1812.)

En ce qui concerne la *pêche*, voir ce mot dans ce formulaire.

du moulin du sieur..., était inondé sur une étendue d'environ..., et nous avons reconnu que ce dommage était causé par le fait dudit meunier, qui avait élevé ses vannes au-dessus de la hauteur fixée par les règlements. Nous avons à l'instant sommé le sieur... de rabaisser ses vannes, ce qu'il a fait en notre présence. Nous avons évalué à la somme de... le dommage occasionné par la contravention ci-dessus rapportée.

Le présent procès-verbal a été clos et signé par nous le...

DÉBITS DE BOISSONS.

(Voir *Cabarets*).

DÉGATS.

(Voir *Récoltes*, *Arbres*, *Bestiaux*.)

DÉSERTEURS (1).

L. — *Procès-verbal d'arrestation de déserteur.*

Le.. du mois de... mil huit cent. ., à... heure du.., nous, garde-champêtre de la commune de..., dûment assermenté et portant le signe distinctif de nos fonc-

(1) Les gardes-champêtres qui arrêtent un soldat réfractaire ou un déserteur, ont droit à une gratification de vingt-cinq francs, que l'intendant militaire leur fait payer sur la remise du procès-verbal d'arrestation et du certificat de la gendarmerie. *(Art. 6 du décret du 11 juin 1806. Décret du 12 janvier 1811.)* Ce procès-verbal doit être joint au réquisitoire adressé par le maire à la gendarmerie (voir le mot *Déserteur* dans le *Guide général des Maires.)*

tions, nous trouvant au lieu dit..., nous avons fait la rencontre d'un individu étranger, vêtu d'un uniforme militaire. Sommé de nous exhiber sa feuille de route, il nous a répondu qu'il n'en possédait pas, attendu qu'il a quitté, sans permission, il y a (*nombre*) jours, son corps qui tient garnison à...; nous lui avons demandé ses nom et prénoms et les motifs qui lui ont fait abandonner son régiment : il nous a répondu qu'il se nommait..., qu'il est en activité de service dans le...e régiment de..., et qu'il l'a quitté parce que (*relater les motifs que donnera le militaire*). Sur cette déclaration nous l'avons arrêté et conduit immédiatement à la brigade de gendarmerie de..., en demandant un certificat de la remise de ce déserteur, à l'effet de transmettre cette pièce avec le présent procès-verbal à M. l'Intendant militaire de la division.

Clos et signé le jour susdit, à... heure du...

DÉVASTATION.

(Voir au mot *Récoltes,* modèle LXXXIX).

DIGUES (1).

LI.—*Procès-verbal pour dégradation à une digue.*

Le... du mois de... mil huit cent..., etc., nous avons aperçu un individu armé d'une pioche et d'une pelle, lequel s'occupait à faire une excavation dans la

---

(1) L'article 437 du Code pénal prononce la peine de la réclusion et une amende de 100 fr. au moins contre toute personne qui aura détruit ou dégradé une digue.

Le procès-verbal doit être remis au procureur impérial.

digue, et que nous avons reconnu être le sieur..., demeurant en la commune de... Nous lui avons demandé s'il avait une autorisation pour faire ce travail; il nous a répondu qu'il ne croyait pas avoir besoin de permission à cet égard, attendu que son entreprise n'était pas de nature à compromettre la sûreté de la digue. Ce motif ne nous a pas paru fondé, et agissant conformément à l'article 437 du Code pénal, nous avons dressé le présent procès-verbal contre ledit sieur..., en raison de son délit.

Clos et signé le..., à... heure du...

ÉCHENILLAGE (1).

LII. — *Procès-verbal pour défaut d'échenillage.*

Le... du mois de... mil huit cent..., à heure du..., nous (*nom et prénoms*), garde-champêtre de la commune de..., dûment assermenté et portant la marque distinctive de nos fonctions, faisant notre tournée dans le canton dit..., pour nous assurer si l'on s'était conformé à l'arrêté de M. le préfet, en date du..., qui ordonne l'échenillage des arbres, nous avons reconnu que les arbres du verger situé au lieu dit... et appartenant au sieur..., n'avaient pas été échenillés et qu'on y apercevait un grand nombre de bourses et de toiles

---

(1) Le défaut d'échenillage dans les délais prescrits par les règlements, est une contravention prévue par l'article 471, § 8 du Code pénal, et punie d'une amende de 1 à 5 fr.

Dans le cas où un propriétaire se refuserait à faire écheniller ses arbres, il doit y être procédé d'office et à ses frais par des ouvriers choisis par le maire. (*Art. 7 de la loi du 26 ventôse, an IV.*)

Le procès-verbal doit être remis au commissaire cantonal ou au maire s'il n'y a pas de commissaire dans la commune.

de chenilles. Nous avons en conséquence déclaré procès-verbal audit sieur..., en le prévenant que, faute par lui de faire écheniller ses arbres dans le délai de trois jours, il y serait procédé d'office et à ses frais.

Clos et signé, etc.

ÉCLAIRAGE (1).

LIII. — *Procès-verbal pour défaut d'éclairage de dépôts faits sur la voie publique.*

Le... du mois de... mil huit cent..., à heure du..., nous..., garde-champêtre de la commune de..., dûment assermenté, faisant une tournée de nuit, avons remarqué auprès de la maison du sieur..., dans la rue..., (ou sur le chemin vicinal ou rural classé sous

---

(1) Sont en contravention :

1° Les personnes qui font des dépôts de matériaux sur la voie publique, sans avoir le soin de placer le soir, près de ces dépôts, une lumière qui avertisse les *passants*. Il en est de même pour les excavations ;

2° Les aubergistes ou les voituriers qui ne placent pas une lumière près des voitures qui stationnent pendant la nuit sur la voie publique. *(Art. 471 et 479 du Code pénal).*

Dans ces deux cas la contravention existe lors même qu'il ferait clair de lune ou qu'il y aurait une lumière dans le voisinage. *(Arrêts de la cour de cassation des 17 mai et 13 juin 1811, et du 3 septembre 1825.)*

3° Les voituriers qui circulent sur les routes sans avoir, pendant la nuit, une lanterne allumée attachée à leurs voitures.

Ce dernier fait constituant une contravention à la police du roulage, le procès-verbal qui le constate doit être transmis au procureur impérial; mais pour ce qui concerne les contraventions spécifiées sous les deux premiers numéros et qui n'entraînent qu'une peine de simple police, le procès-verbal doit être remis au commissaire cantonal ou au maire s'il n'y a pas de commissaire dans la commune.

le n°...,) un amas de décombres (*ou* plusieurs pièces de bois, *ou* un chariot), sur lequel (*ou* lesquels) il n'y avait pas de lumière; et attendu que ce fait constitue une contravention de la part du sieur..., qui est l'auteur du dépôt, nous lui avons déclaré procès-verbal.

Clos et signé le..., à... heure du...

ÉPIZOOTIES (1).

LIV. — *Procès-verbal contre un individu qui aurait négligé de déclarer au maire qu'il a une ou plusieurs bêtes affectées de maladies contagieuses ou épidémiques* (n° 1 de la note).

Le... du mois de... mil huit cent..., etc..., nous avons rencontré au lieu dit..., un troupeau de moutons que l'on conduisait au pâturage. Il nous a paru que plusieurs de ces animaux étaient affectés du claveau, ce dont nous nous sommes assuré en examinant cinq à six moutons l'un après l'autre. Et, attendu que le sieur (*nom, profession, demeure*), propriétaire de ce troupeau, n'a pas averti M. le Maire qu'il avait plusieurs bêtes atteintes de maladies contagieuses, ce qui constitue une contravention à l'article 459 du Code pénal, nous avons dressé le présent procès-verbal, que nous avons clos et signé le...

---

(1) On nomme ainsi les maladies contagieuses qui attaquent les animaux domestiques.

Sont en contravention ;

1° Ceux qui ayant une ou plusieurs bêtes malades, n'en avertissent pas immédiatement le maire de la commune (16 *fr.* à 200 *fr. d'amende*, et emprisonnement de 6 jours à 2 mois) ;

LV. — *Procès-verbal contre un individu qui aurait fait conduire au pâturage des animaux reconnus affectés de maladies contagieuses* (n° 2 de la note).

Le... du mois de... mil huit cent..., etc., nous avons aperçu au lieu dit..., sur le pâturage commun, des moutons appartenant au sieur (*nom, profession, demeure*), lesquels moutons atteints du claveau et marqués de la lettre M par les soins de M. le Maire, se trouvaient en communication avec d'autres animaux. Nous avons immédiatement déclaré la saisie des animaux malades et les avons fait conduire par le gardien du troupeau dans la grange du sieur...., désignée par arrêté de M. le Maire pour recevoir les animaux mis en fourrière; et, attendu que ce fait

---

2° Ceux qui n'auraint pas tenu renfermées des bêtes reconnues malades et marquées à cet effet de la lettre M (100 *fr. à* 500 *fr. d'amende*, et emprisonnement de 2 mois à 6 mois);

3° Ceux qui conduisent une bête marquée dans un pays infecté, à une foire ou à un marché, et même chez un particulier d'un pays non infecté. (500 fr. *d'amende.*) Toute bête à cornes marquée de la lettre M trouvée sur les chemins ou dans les foires et marchés, doit être abattue sur-le-champ, en présence du juge de paix (*Art.* 5, 6 *et* 7 *de l'arr. du conseil du* 19 *juillet* 1746).

4° Tout propriétaire de bêtes saines en pays infecté, qui en vendrait au boucher, sans permission du maire (200 *fr. d'amende, art.* 8 *de l'arr. du conseil, du* 19 *juillet* 1746, *confirmé par l'art.* 461 *du Code pénal)*;

5° Tout propriétaire qui, ayant eu des bêtes mortes de maladies contagieuses, ne les aurait pas fait transporter à cent mètres des habitations, pour les y enterrer dans une fosse de 2 mètres 65 cent. de profondeur. (300 *fr. d'amende. Arrêté du gouvernement du* 15 *juillet* 1797.)

Tous les procès-verbaux dressés en cette matière, doivent être transmis au procureur impérial.

constitue une infraction à l'article 460 du Code pénal, nous en avons dressé procès-verbal.

Clos et signé le...

LVI. — *Procès-verbal contre un propriétaire d'animaux morts de maladies contagieuses, lesquels n'auraient pas été enfouis* (n° 5 de la note).

Le... du mois de... mil huit cent..., etc., nous avons aperçu dans une pièce de terre..., située au lieu dit..., exploitée par le sieur (*nom, profession, demeure*), un cheval mort de la morve, qui avait appartenu audit sieur... Nous nous sommes à l'instant transporté chez ce particulier et l'avons sommé d'enterrer ledit animal à une plus grande distance des habitations, et à une profondeur de 2 mètres 65 centimètres. Et, attendu que le sieur... a commis une infraction aux lois et règlements relatifs aux maladies épizootiques, nous avons dressé contre lui le présent procès-verbal que nous avons clos et signé le...

FEU (1).

LVII. — *Procès-verbal pour feu allumé dans les champs.*

Le... du mois de... mil huit cent..., à... heure

---

(1) Il est défendu d'allumer des feux dans les champs, à moins de cent mètres des maisons ou des bois.

Les contrevenants sont traduits devant le tribunal de simple police et passibles d'une amende égale à douze journées de travail, sans préjudice des dommages-intérêts.

Il y a contravention pour ce fait lors même qu'il n'en est résulté aucun accident. (*Tit.* 2, *art.* 10 *de la loi du* 28 *sept.* 1791.)

Le procès-verbal doit être remis au commissaire cantonal ou au maire.

du..., etc., nous avons aperçu des individus près d'un feu qu'ils avaient allumé dans un champ situé à moins de cent mètres de la maison la plus voisine (*ou* d'un bois appartenant à...); nous étant approché, nous avons reconnu que les auteurs de ce délit étaient les sieurs... Nous leur avons délaré que nous dresserions procès-verbal contre eux, et nous leur avons fait éteindre ce feu.

Clos et signé par nous, le... à... heure du...

FLAGRANT DÉLIT (1).

LVIII. — *Procès-verbal d'arrestation d'un individu en flagrant delit.*

Le... du mois de... mil huit cent..., etc. (*comme au modèle n° 1*), nous trouvant au lieu dit..., nous avons aperçu un individu poursuivi par plusieurs autres qui criaient: au secours! au voleur! nous sommes parvenus à le saisir et à l'arrêter au nom de la loi (*s'il oppose de la résistance il en est fait mention; indiquer aussi s'il a fallu requérir main-forte*). Le délinquant nous a déclaré se nommer (*nom, profession et le surplus de sa déclaration*), nous avons trouvé sur lui les objets suivants que nous avons saisis (*indiquer tout ce qui a été trouvé sur lui en effets, papiers ou armes*). Les sieurs..., présents à cette

---

(1) Il y a flagrant délit :
1° Lorsqu'un crime ou un délit se commet actuellement;
2° Lorsqu'il vient de se commettre ;
3° Lorsque le prévenu est poursuivi par la clameur publique,
4° Lorsque, dans un temps voisin du délit, le prévenu est trouvé nanti d'instruments, d'armes, d'effets où de papiers faisant présumer

arrestation ont déclaré, savoir : le sieur..., le sieur... Et, attendu le cas de flagrant délit, nous avons, conformément à l'article 41 du Code d'instruction criminelle, conduit le délinquant devant M. le Juge de paix (*ou* devant M. le Maire).

Le présent procès-verbal a été clos et signé par nous et par les témoins, à... heure du...

FOINS (1).

LIX. — *Procès-verbal contre un individu qui aurait coupé des fourrages appartenant à autrui.*

Le... du mois de..., etc. (*comme au modèle n° 1*),

---

qu'il en est auteur ou complice. (*Art.* 41, *Code d'instr. crim.*)

Les gardes-champêtres doivent arrêter et conduire devant le juge de paix ou devant le maire, tout individu surpris en flagrant délit, mais seulement dans le cas où ce délit est punissable de l'emprisonnement ou d'une peine plus grave. Ils peuvent se faire donner, pour cet effet, assistance par le maire ou par l'adjoint qui ne peuvent s'y refuser. (*Art.* 16, *Code d'inst. crim.*) Ils ont aussi le droit de requérir, dans ce cas, le secours des assistants. (*Art.* 475, *Code pénal*, n° 12.)

En général, les gardes-champêtres ne doivent user du droit d'arrestation que si l'individu surpris en flagrant délit, a commis un crime. S'il s'agit d'un délit correctionnel, ils n'arrêteront le coupable que dans le cas où il leur serait inconnu.

Ils ne doivent jamais arrêter pour une simple contravention Ce serait de leur part un excès de pouvoir passible des peines les plus sévères, que d'arrêter un citoyen, *même surpris en flagrant délit*, si la faute qu'il a commise n'est susceptible que d'une condamnation à l'amende. (*Art.* 341, *Code pénal.*)

(1) Quiconque aura coupé des grains ou des fourrages qu'il savait appartenir à autrui sera puni d'un emprisonnement de six jours à deux mois. (*Art.* 449 *du Code pénal.*)

Le procès-verbal doit être, dans ce cas, transmis au procureur impérial.

nous avons aperçu le sieur (*nom, profession, demeure*), qui coupait du fourrage sur la lisière de la prairie du sieur..., située au canton dit... Ledit sieur..., n'ayant pu, sur notre demande, justifier d'une permission du propriétaire, nous lui avons déclaré qu'il était en contravention à la loi, et conformément à l'article 449 du Code pénal, nous avons dressé le présent procès-verbal que nous avons clos et signé ledit jour, à... heure du...

FOSSÉS (1).

LX. — *Procès-verbal pour fossé comblé.*

Le... du mois de..., etc. (*comme au modèle n° 1*), nous avons remarqué que le fossé servant de séparation entre le chemin de... et la propriété du sieur (*nom, profession, demeure*), avait été comblé pour établir un passage à travers ledit fossé, mais ignorant quel est l'auteur de cette contravention nous avons dressé le présent procès-verbal, afin qu'il y soit donné telles suites qu'il appartiendra.

Clos et signé par nous ledit jour, à heure du...

Si l'auteur du comblement est vu par le garde-champêtre, le procès-verbal peut se rédiger ainsi : nous avons aperçu le sieur (*nom, profession et demeure*) qui comblait le fossé du chemin de..., à l'endroit où ce fossé borde la propriété du sieur... Nous lui avons demandé pourquoi il se permettait un

---

(1) Ceux qui comblent en tout ou en partie les fossés sont punis d'un emprisonnement d'un mois à une année et d'une amende de cinquante francs au moins. (*Art. 456 du Code pénal.*)

Les procès-verbaux pour ce genre de délit doivent être transmis au procureur impérial.

pareil travail ; il nous a répondu (*insérer la réponse*). Nous lui avons déclaré que cette allégation nous paraissait inadmissible et qu'en raison de sa contravention, nous dresserions procès-verbal contre lui.

Clos et signé, etc.

FOURRIÈRE (mise en).

(Voir aux mots *Pâturage*, *Animaux.*)

FRUITS (1).

LXI. — *Procès-verbal pour vol de fruits.*

Le... du mois de... etc. (*comme au modèle n° 1*), avons aperçu un individu occupé à cueillir et à manger des raisins (*ou* d'autres fruits) dans la vigne (*ou* dans le verger) du sieur..., située au canton dit... Nous avons reconnu que l'auteur de cette contravention était le nommé (*nom et demeure, et s'il s'agit d'un enfant, nom et demeure de ses parents.*) Nous avons en conséquence dressé contre lui le présent procès-verbal que nous avons clos et signé le jour susdit, à... heure du...

---

(1) Sont en contravention et punis d'une amende de 1 fr. à 5 fr., ceux qui, sans autres circonstances prévues par les lois, auraient mangé, sur le lieu même, des fruits appartenant à autrui. (*Art.* 471 *du Code pénal*, § 9.)

S'il s'agit de vol de récoltes, les peines sont plus graves. (Voir au mot *récoltes.*)

FUMIER (1).

LXII. — *Procès-verbal pour vol de fumier dans un champ.*

Le... du mois de... mil huit cent..., à heure du..., nous, etc., passant à travers une pièce de terre située au lieu dit..., et appartenant au sieur..., nous avons aperçu le nommé..., demeurant à..., qui prenait du fumier déposé sur cette pièce de terre et en chargeait sa hotte (*ou* un âne, *ou* un cheval). Nous étant approché de lui, il a pris aussitôt la fuite (*ou* interrogé pourquoi il enlevait ce fumier, il m'a répondu...). Nous avons en conséquence dressé le présent procès-verbal, que nous avons clos et signé le jour dit ci-dessus, à... heure...

GLANAGE (2).

LXIII. — *Procès-verbal pour glanage dans un champ non dépouillé de sa récolte.*

Le... du mois de... mil huit cent..., à... heure du..., nous..., garde-champêtre de la commune de...,

---

(1) Le cas ici prévu est une contravention de simple police, punie par l'article 33 de la loi du 8 décembre 1791, sur la police rurale, lequel est ainsi conçu : « Celui qui, sans la permission du propriétaire ou du fermier, enlèvera des fumiers, de la marne ou tous » autres engrais portés sur les terres, sera condamné à une amende » qui n'excèdera pas la valeur de six journées de travail, en outre » du dédommagement; et pourra l'être à la détention de police » municipale. L'amende sera de douze journées, et la détention » pourra être de trois mois, si le délinquant a fait tourner à son » profit lesdits engrais. »

(2) L'action de ramasser des épis de blé dans un champ non encore dépouillé et vidé de ses récoltes, ou avant le lever et après le

dûment assermenté et pourvu de notre plaque, faisant notre tournée ordinaire, avons aperçu les nommés... qui glanaient dans un champ situé au lieu dit..., appartenant au sieur..., avant que ce champ fût entièrement dépouillé et vidé de ses gerbes, car il en restait encore... (*nombre*) tas. Nous les avons aussitôt sommé de se retirer, en leur déclarant qu'ils étaient en contravention à la loi et que nous dresserions procès-verbal contre eux.

Clos et signé le jour susdit à... heure du...

LXIV. — *Procès-verbal pour abandon de coutres de charrue dans les rues ou dans les champs.*

Le... du mois de..., etc. (*comme au modèle n° 1*), nous avons remarqué que, bien que la nuit fût close et le travail des champs terminé, un coutre de charrue avait été laissé dans le champ appartenant au sieur (*nom, profession, demeure*). Et, attendu que ce fait constitue une contravention prévue par l'article 471, n° 7 du Code pénal, nous avons dressé, contre ledit sieur..., le présent procès-verbal que nous avons clos et signé le .

---

coucher du soleil, est une contravention prévue et punie par les articles 471 et 473 du Code pénal.

Est en contravention à l'article 22 de la loi du 6 octobre 1791, celui qui envoie ses bestiaux sur un champ moissonné, lui appartenant, mais avant que le glanage ait pu s'exercer et lorsque les champs contigus ne sont pas encore dépouillés de leurs récoltes. (*Arrêt de la Cour de cassation du 13 janv.* 1844.)

L'exercice du glanage peut, même dans le temps où il est permis, être restreint par l'autorité municipale à une certaine classe d'individus; ses règlements à cet égard sont obligatoires et les gardes-champêtres doivent verbaliser contre les contrevenants.

Le procès-verbal doit être remis au maire.

INCENDIE.

(Voir au mot *Feu*.)

INJURES (1).

LXV. — *Procès-verbal pour paroles injurieuses ou menaces adressées à un garde-champêtre dans l'exercice de ses fonctions.*

Le... du mois de..., etc. (*comme au modèle nº 1*), au moment où nous venions de déclarer procès-verbal au sieur..., pour avoir (*indiquer l'objet et le lieu de la contravention*), ce délinquant s'est permis de nous injurier en nous traitant de (*consigner ici les paroles injurieuses*), et en ajoutant (*répéter les menaces si on en a proféré*). Ces propos ont été tenus en présence de (*noms et demeures des témoins*). Nous avons en conséquence dressé le présent procès-verbal, que nous avons clos et signé le jour ci-dessus indiqué, à .. heure du...

INONDATION.

(Voir au mot *Cours d'eau*).

---

(1) L'outrage fait par paroles, gestes ou menaces à tout officier ministériel ou agent de la force publique, dans l'exercice ou à l'occasion de l'exercice de ses fonctions, est un délit correctionnel puni d'une amende de 16 fr. à 200 fr. (*Art. 224 du Code pénal*.)

Le procès-verbal doit être transmis au procureur impérial.

INSTRUMENTS D'AGRICULTURE (1).

LXVI. — *Procès-verbal pour rupture ou destruction d'instruments d'agriculture, de parcs de bestiaux ou de cabanes de gardien.*

Le... du mois de..., etc. (*comme au modèle n° 1*), nous avons aperçu un individu qui brisait une herse (*ou autre instrument aratoire*) laissée dans un champ de terre labourable, situé au canton de..., et appartenant au sieur... (*ou* qui était occupé à détruire un parc de bestiaux établi à...). Cet individu ayant tenté de fuir, nous l'avons atteint et arrêté au nom de la loi. Nous avons reconnu que ce délinquant était le sieur (*nom, profession, demeure*), et nous l'avons conduit devant M. le Maire.

Clos et signé par nous ledit jour, à... heure du...

MARAUDAGE.

(Voir au mot *Fruits*.)

---

(1) Sont en contravention :

1° Ceux qui auraient laissé dans les rues, chemins, places, lieux publics ou dans les champs, des coutres de charrue, pinces, barres, échelles ou autres instruments dont puissent abuser les voleurs et autres malfaiteurs. (*1 à 5 francs d'amende. — Art. 471 du Code pénal, n. 7.*)

2° Ceux qui auraient brisé ou détruit des instruments d'agriculture, des parcs de bestiaux ou des cabanes de gardien. (*Emprisonnement d'un mois à un an. — Art. 451 du Code pénal.*)

3° Ceux qui auraient volé ou tenté de voler des instruments d'agriculture laissés dans les champs. (*Réclusion. — Loi du 28 avril 1832, abrogeant l'article 388 du Code pénal.*)

Les procès-verbaux, dans ces deux derniers cas, doivent être transmis au procureur impérial.

MENACES
envers un Garde-Champêtre.
(Voir au mot *Injures.*)

MENDIANTS (1).

LXVII. — *Procès-verbal pour habitude de mendicité de la part d'un individu valide* (n° 1 de la note).

Le... du mois de..., etc. (*comme au modèle n° 1*), nous avons remarqué qu'un individu, étranger à la commune, allait de porte en porte en demandant l'aumône. Comme nous avions déjà vu plusieurs fois à des époques antérieures ce même individu se livrer ainsi à la mendicité, et que d'ailleurs il nous paraissait en état de travailler pour gagner sa vie, nous lui avons demandé son nom et son domicile, il a déclaré (*consigner ici la déclaration*). Et, attendu que cet individu se trouvait en flagrant délit de mendicité, dans

(1) La mendicité est défendue d'une manière absolue dans les départements ou dans les localités où il existe un dépôt de mendicité. Dans ce cas tout mendiant, qu'il soit valide ou infirme, doit être arrêté et puni d'un emprisonnement de trois à six mois. (*Art.* 274 *du Code pénal.*)

Hors ce cas, les mendiants sont susceptibles d'être arrêtés :

1° Lorsqu'étant valides, c'est-à-dire en état de travailler, ils mendient d'habitude, soit dans leur commune, soit hors de leur résidence. (*Art.* 275 *du Code pénal.*)

2° Lorsque quoiqu'invalides, ils mendient avec violences ou menaces, ou s'introduisent dans les maisons, ou feignent des plaies ou infirmités, ou mendient plusieurs ensemble. (*Art.* 276 *du Code pénal.*)

3° Lorsqu'ils sont trouvés porteurs d'un ou de plusieurs effets d'une valeur de plus de 100 fr. (*Art.* 278 *du Code pénal.*)

La peine encourue dans les cas qui précèdent, est de six mois à le cas prévu par l'article 475 du Code pénal, nous l'avons arrêté et conduit devant M. le Maire.

Le présent procès-verbal a été clos et signé par nous ledit jour, à... heure du

LXVIII. — *Procès-verbal contre un individu qui aurait feint des infirmités* (n° 2 de la note.)

Le... du mois de..., etc. (*comme au modèle n° 1*), nous avons rencontré sur le chemin de..., à environ... mètres de..., un individu paraissant estropié d'un bras (*ou* d'une jambe, *ou* de tout autre membre) et qui demandait l'aumône aux passants. Nous étant approché de lui nous avons reconnu (*indiquer par quel moyen*) que son infirmité était factice (*ou bien* soupçonnant que son infirmité n'était pas réelle, nous lui avons demandé son passeport et ses papiers, il nous a répondu qu'il n'en avait pas). Sommé de nous dire son nom et son domicile, il a déclaré... Attendu que

---

deux ans d'emprisonnement;

4° Lorsqu'ils sont porteurs d'armes, bien qu'ils n'en aient pas usé;

5° Lorsqu'ils sont travestis d'une manière quelconque;

6° Lorsqu'ils sont munis de limes, crochets ou autres instruments propres soit à commettre des vols ou d'autres délits, soit à leur procurer les moyens de pénétrer dans les maisons.

La peine encourue dans ces trois derniers cas, est de deux à cinq ans d'emprisonnement. (*Art.* 277 *du Code pénal.*)

7° Lorsqu'ils auront commis quelque acte de violence envers les personnes. Ils encourent, dans ce cas, la peine de la réclusion. (*Art.* 279 *du Code pénal.*)

8° Lorsqu'ils sont trouvés porteurs de faux certificats, faux passeports ou fausses feuilles de route. La peine encourue est, dans ce cas, de cinq ans de prison. (*Art.* 281 *du Code pénal.*)

Tout individu, mendiant ou non, qui n'a ni domicile certain ni moyen connu de subsistance, est en état de vagabondage, et doit également être arrêté.

Tous les procès-verbaux dressés pour ce genre de délits doivent être transmis au procureur impérial.

cet individu se trouvait en flagrant délit de mendicité dans des circonstances punies par la loi, nous l'avons arrêté et conduit devant M. le Maire.

Le présent procès-verbal a été clos et signé par nous ledit jour, à . . heure du. . .

LXIX. — *Procès-verbal contre des individus mendiant en troupe* (n° 2 de la note.)

Le... du mois de..., etc. (*comme au modèle n° 1*), nous avons rencontré sur le chemin de... (*ou* devant la porte du sieur...), des individus au nombre de... qui mendiaient et ne formaient qu'une seule bande qui ne paraissait pas être d'une même famille. Nous avons reconnu, par l'inspection de leurs passeports, qu'ils se nommaient (*noms, profession, demeure de chacun d'eux*). Et, attendu qu'ils étaient en contravention à l'article 276 du Code pénal, nous les avons arrêtés et conduits devant M. le Maire.

Le présent procès-verbal a été clos et signé par nous ledit jour, à... heure du...

LXX. — *Procès-verbal contre des mendiants qui se seraient introduits dans les maisons ou qui auraient été trouvés porteurs d'armes ou d'instruments propres à commettre des vols* (n° 2, 4 et 6 de la note).

Le... du mois de..., etc. (*comme au modèle n° 1*), nous avons remarqué qu'un individu, étranger à la commune, s'était introduit successivement dans diverses maisons pour y demander l'aumône. Nous lui avons demandé son passeport, il nous a répondu qu'il n'en avait pas, mais qu'il se nommait..., demeurant à... (*ou bien* : sur notre demande il a exhibé un passeport duquel il résulte qu'il se nommerait..., demeurant à...) ; poursuivant nos investigations nous avons constaté qu'il était muni de... (*indiquer les armes ou les instruments trouvés sur sa personne*). Attendu que cet individu se trouvait en flagrant délit de mendicité dans des circonstances punies par la loi, nous l'avons arrêté et conduit devant M. le Maire.

Le présent procès-verbal a été clos et signé par nous ledit jour . ., à heure du...

MONUMENTS (1).

LXXI. — *Procès-verbal pour destruction, mutilation ou dégradation de monuments publics.*

Le... du mois de..., etc. (*comme au modèle n° 1*), nous avons aperçu un individu qui était occupé à (*indiquer le genre de dégradations auquel il se livrait et sur quel monument : églises, fontaines, grilles, croix, statues*, etc.). Nous lui avons demandé son nom et sa demeure, et le motif qui l'avait porté à commettre ce délit ; il a répondu (*transcrire sa réponse*). Et, attendu qu'il y avait flagrant délit, nous avons arrêté ce délinquant et l'avons conduit devant M. le Maire.

(1) Quiconque aura détruit, mutilé ou dégradé des monuments, statues et autres objets destinés à l'utilité ou à la décoration publique, et élevés par l'autorité publique ou avec son autorisation, sera puni d'un emprisonnement d'un mois à deux ans, et d'une amende de cent francs à cinq cents francs. (*Code pénal, art.* 237.)

Les procès-verbaux relatifs à ce genre de délits, doivent être transmis au procureur impérial.

S'il s'agit de construction particulière, voir au mot *Dégradation*.

Le présent procès-verbal a été clos et signé ledit jour, à... heure du...

NOTIFICATION

d'un arrêté du Maire ou de tout autre fonctionnaire.

LXXII. — *Procès-verbal de cette notification à écrire à la suite dudit arrêté.*

Le... du mois de..., etc., en vertu de l'ordre du maire, ci-dessus transcrit, nous nous sommes transporté au domicile du sieur... (*ou* étant et parlant à sa personne, *ou* au sieur..., son fils ou son domestique), nous lui avons notifié l'arrêté de M. le..., en date du..., dont la copie est ci-dessus et qui ordonne (*indiquer sommairement le dispositif de l'arrêté*), et nous avons dressé, de cette notification, le présent procès-verbal, dont un double sera remis à M. le Maire pour être transmis à qui de droit et avons signé.

OUTRAGES

envers les Gardes-Champêtres.

(Voir aux mots *Injures*, *Violences*.)

PARCOURS ET VAINE PATURE (1).

LXXIII. — *Procès-verbal pour pâturage en temps prohibé.*

Le... du mois de..., etc. (*comme au modèle n° 1*),

---

(1) On appelle *Parcours*, une coutume en vertu de laquelle une ou plusieurs communes peuvent envoyer réciproquement leurs bes-

nous avons aperçu dans un champ appartenant au sieur..., et situé au canton dit... (*tant de*) chevaux (*vaches ou moutons*), qui y paissaient sous la con-

---

tiaux paître sur leurs territoires respectifs, pendant un temps déterminé.

Ce droit prend le nom de *vaine pâture*, lorsqu'il est exercé par les habitants d'une même commune, dans les limites du territoire de cette seule commune et sur les terres les uns des autres.

Dans la pratique on se sert du seul mot de *vaine pâture*, pour désigner cette coutume d'une manière absolue.

Voici les principales règles auxquelles est soumis l'exercice de ce droit :

1 Dans les pays de vaine pâture, les troupeaux ne peuvent être conduits dans les champs (quand mêmes ces champs appartiendraient aux propriétaires des bestiaux) que deux jours francs après l'enlèvement total de la récolte, sous peine d'une amende de la valeur d'une journée de travail : l'amende sera double si les bestiaux ont pénétré dans un enclos rural. (*Art.* 22, *tit.* 2 *de la loi du* 6 *oct.* 1791. Arrêts de la Cour de cassation des 8 et 10 janvier 1857.)

2° Partout où les prairies naturelles sont sujettes au parcours ou à la vaine pâture, ils n'auront lieu provisoirement que dans le temps autorisé par les lois et coutumes, et jamais tant que la première herbe ne sera pas récoltée. (*Art.* 10, *sect.* 4, *tit.* 1 *de la même loi.*)

3° Dans aucun cas et dans aucun temps le droit de parcours et la vaine pâture ne pourront s'exercer sur les prairies artificielles (trèfles, luzernes, etc.), et ne pourront avoir lieu sur aucune terre ensemencée ou couverte de quelques productions que ce soit, qu'après la récolte. (*Art.* 9 *de la même section.*)

Il y a en outre dans un grand nombre de communes des coutumes ou des règlements particuliers qui déterminent le nombre proportionnel de bestiaux que chaque habitant peut envoyer à la vaine pâture, l'époque où le parcours commence et celle où il finit, les terres dans lesquelles il est prohibé, le mode de surveillance du bétail, etc.

Ces règlements doivent être, dans chaque localité, l'objet de l'étude particulière du garde-champêtre, afin qu'il soit en mesure de faire respecter toutes leurs dispositions. Ils ne sont exécutoires qu'après avoir reçu l'approbation du préfet. (*Arrêt de la Cour de cassation du* 10 *fév.* 1857.)

Les contraventions en cette matière étant punies de peines de simple police, les procès-verbaux doivent être remis au maire.

Il ne faut pas confondre la *vaine pâture* avec le *droit de pâturage* qui s'exerce sur les terrains communaux.

duite du sieur..., domestique du sieur (*nom*, *profession*, *demeure*). Nous lui avons déclaré que la récolte de ce champ n'ayant été enlevée que depuis ce matin (*ou bien* : que l'ouverture du droit de vaine pâture n'a été fixée par arrêté du Maire qu'au...), il était en contravention à la loi et que nous dresserions procès-verbal tant contre lui que contre son maître comme civilement responsable.

Clos et signé par nous ledit jour, à... heure du...

LXXIV. — *Procès-verbal pour pâturage dans des terres non soumises au parcours.*

Le... du mois de..., etc. (*comme au modèle n° 1*), nous avons aperçu le sieur (*nom*, *profession*, *demeure*), qui faisait paître des moutons au nombre d'environ..., sur une pièce de terre semée de..., située au canton dit..., et appartenant au sieur (*nom*, *profession*, *demeure*), laquelle pièce de terre n'est pas soumise au parcours. Nous avons en conséquence déclaré au sieur..., que nous dresserions procès-verbal de cette contravention tant contre lui que contre son maître comme civilement responsable.

Clos et signé ledit jour, à... heure du...

NOTA. — *Toutes les fois qu'il y a délit de pâturage et que le bétail pâturant en délit se trouve sans gardien, le garde-champêtre doit conduire ce bétail en fourrière, ce qu'il mentionne sur son procès-verbal de la manière suivante :*

..., n'ayant pas aperçu de gardien, nous avons rassemblé ces bestiaux et nous les avons conduits dans l'écurie désignée par M. le Maire pour recevoir les animaux mis en fourrière.

Clos et signé, etc.

LXXV. — *Procès-verbal pour pâturage sur une prairie avant que la première herbe en ait été récoltée.*

Le... du mois de..., etc. (*comme au modèle n° 1*), nous avons aperçu le nommé (*nom, profession, demeure*), qui faisait paître (*espèce et quantité de bestiaux*) dans une prairie située au canton dit... et appartenant au sieur..., et, attendu que la première herbe de cette prairie n'était pas récoltée nous avons déclaré audit sieur..., qu'il était en contravention à la loi et que nous en dresserions procès-verbal tant contre lui que contre son maître comme civilement responsable.

Clos et signé ledit jour, à... heure du...

LXXVI. — *Procès-verbal pour envoi au pâturage d'un nombre de têtes de bétail excédant celui qui est fixé par les règlements.*

Le... du mois de..., etc. (*comme au modèle n° 1*), nous avons aperçu le sieur (*nom, profession, demeure*), qui faisait paître dans un champ situé au canton de..., et appartenant au sieur (*nom, profession, demeure*), des moutons au nombre de... Nous lui avons fait observer que par le règlement municipal en date du..., il n'avait droit de conduire au pâturage commun que (*nombre*) bêtes, qu'en conséquence nous dresserions procès-verbal de cette contravention tant contre lui que contre son maître comme civilement responsable.

Clos et signé ledit jour, à... heure du...

PASSEPORTS (1).

LXXVII. — *Procès-verbal d'arrestation d'un individu voyageant sans passeport, ou dont le passeport ne serait pas en règle, ou qui refuserait de l'exhiber.*

Le... du mois de..., etc. (*comme au modèle n° 1*), nous avons rencontré sur le chemin de..., au lieu dit (*ou* dans l'intérieur de la commune), un individu qui nous a paru étranger; nous lui avons demandé au nom de la loi l'exhibition de son passeport: il nous a répondu qu'il n'en avait point (*s'il a un passeport et qu'il ne paraisse pas régulier, on mettra*: il nous l'a exhibé, et après l'avoir lu, nous avons remarqué que le signalement ne se rapportait pas avec celui du porteur. *Si le particulier refusait de montrer son passeport, il faudrait faire mention de ce refus*). Interrogé sur ses nom, prénoms, âge et domicile, il a répondu (*relater la réponse*). Voyant que ledit (*le nom de l'individu*) est en contravention aux lois sur les passeports, nous l'avons déclaré en état d'arrestation et l'avons conduit devant M. le commisaire de police cantonal *ou* devant M. le Maire.

Le présent procès-verbal a été clos et signé par nous ledit jour, à... heure du...

---

(1) Il y a lieu à arrestation dans les trois cas indiqués dans le modèle ci-dessus. (*Loi du 28 vendémiaire an VI, décret du 10 septembre 1807*). Voir aux mots: *Mendiants, Vagabondage.*

Pour les militaires la feuille de route tient lieu de passeport.

Le livret d'ouvrier, quand il est revêtu d'un visa spécial, équivaut aussi au passeport. (*Loi du 22 juin 1854.*)

PÊCHE (1).

LXXVIII. — *Procès-verbal pour délit de pêche dans une partie de rivière dont la pêche est louée* (n° 1 de la note).

Le... du mois de..., etc. (*comme au modèle n° 1*) sur la réquisition du sieur..., fermier de la pêche

---

(1) Est en contravention à la loi du 15 avril 1829, sur la pêche fluviale :

1° Tout individu qui, sans permission de l'adjudicataire, pêche autrement qu'à la ligne flottante, dans les cours d'eau loués au profit de l'État. (Amende de vingt à cent francs, et confiscation du poisson ainsi que des filets. (*Art.* 5)

2° Tout individu qui, dans un cours d'eau quelconque, même dans un ruisseau, aurait établi un barrage ou autre appareil ayant pour objet d'empêcher entièrement le passage du poisson. Les délinquants sont condamnés à une amende de cinquante à cinq cents francs, et en outre aux dommages-intérêts, et les appareils sont saisis. (*Art.* 24.)

3° Quiconque aura jeté dans les eaux des drogues ou appâts qui sont de nature à enivrer le poisson ou à le détruire. (Amende de trente à trois cents francs, et emprisonnement d'un mois à trois mois. — *Art.* 25.)

4° Tout marinier fréquentant les rivières navigables ou flottables qui aurait dans ses bateaux ou équipages un filet ou engin de pêche quelconque, même non prohibé. (Cinquante francs d'amende et confiscation des filets.)

Pour l'exécution de cette disposition, les mariniers sont tenus de souffrir la visite, sur leurs bateaux, des agents chargés de la police de la pêche dans les lieux où ils abordent. (*Art.* 33.)

5° Tout individu qui serait trouvé porteur ou qui ferait usage d'engins prohibés, savoir : de filets traînants ; de filets dont les mailles carrées, sans accrue et non tendues ni tirées en losange, auraient moins de trente millimètres de chaque côté, après que le filet aura séjourné dans l'eau ; de bires, nasses ou autres engins dont les verges en osier seraient écartées entr'elles de moins de trente millimètres. (Amende de trente à cent francs, et en temps de frai, de soixante à deux cents francs. — *Art.* 28 *et* 29 *de la loi pré-*

du cantonnement de..., sur la rivière de ., nous nous sommes transporté au lieu dit. ., sur la rive droite (*ou* gauche) de ladite rivière et nous avons vu le sieur (*nom*, *profession*, *demeure*), qui pêchait avec un épervier (*ou* avec tout autre engin à l'exception de la ligne flottante). Nous lui avons demandé s'il avait l'autorisation du fermier; il n'a pu en justifier. Nous lui avons en conséquence déclaré qu'il était en contravention à la loi et conformément à l'article 5 de

---

citée; *art.* 1 *et* 2 *de l'ordonn. du* 15 *nov.* 1830.)

6° Tout individu qui ne se conformerait pas au règlement préfectoral qui détermine les temps, saisons ou heures pendant lesquels la pêche est interdite, dans tous les cours d'eau. (Trente à deux cents francs d'amende. — *Art.* 26 *de la loi et* 5 *de l'ordonnance précitée.*)

7° Tout pêcheur qui appâte ses hameçons, nasses ou filets avec des poissons des espèces prohibées par les règlements. (Amende de vingt à cinquante francs et confiscation. — *Art.* 31.)

8° Tout individu qui pêche, colporte ou débite des poissons qui n'ont pas les dimensions déterminées par les règlements. (Même peine. — *Art.* 30.)

9° Tout individu qui aurait fait usage de filets ou engins qui n'auraient pas été plombés ou marqués par les agents de l'administration de la police de la pêche. (20 *fr. d'amende.* — *Art.* 32)

Tous les délits de pêche étant de la compétence des tribunaux correctionnels, les procès-verbaux doivent être, sans exception, transmis au procureur impérial. (*Art.* 48 *de la même loi.*)

Ces procès-verbaux doivent être enregistrés, sous peine de nullité dans les quatre jours qui suivront celui de l'affirmation. (*Art.* 47.)

Les filets et engins de pêche qui auraient été saisis comme prohibés ne peuvent dans aucun cas être rendus sous caution : ils doivent être remis au greffe et y demeurer jusqu'après le jugement, pour être ensuite détruits.

Le refus de la part des délinquants de remettre immédiatement le filet déclaré prohibé, après la sommation du garde, est puni d'une amende de cinquante francs. (*Art.* 41.)

Le poisson saisi pour cause de délit doit être vendu dans la commune la plus voisine du lieu du délit, aux enchères publiques, en vertu de l'autorisation du juge de paix ou du maire de la commune. Si le poisson est en petite quantité, il est envoyé, par les soins du maire, à l'hospice le plus voisin.

la loi du 15 avril 1829, nous avons saisi le filet et le poisson pour le déposer au greffe.

Le présent procès-verbal a été clos et signé par nous ledit jour, à... etc.

LXXIX. — *Procès-verbal pour barrage destiné à empêcher le passage du poisson* (n° 2 de la note.)

Le... du mois de..., etc. (*comme au modèle n° 1*), nous avons aperçu les sieurs (*noms, professions, demeures*), qui étaient occupés à placer dans la rivière de..., au lieu dit..., entre les propriétés des sieurs..., un appareil consistant en (*décrire l'appareil*), lequel appareil avait pour effet d'empêcher entièrement le passage du poisson. Nous avons en conséquence déclaré auxdits sieurs..., qu'ils étaient en contravention à la loi ; et conformément aux articles 24 et 41 de la loi du 15 avril 1829, nous avons opéré la saisie de cet apreil pour le déposer au greffe.

Clos et signé par nous ledit jour, à . heure du. .

LXXX. — *Procès-verbal pour usage de filets ou autres engins prohibés* (n° 5 de la note.)

Le... du mois de..., etc. (*comme au modèle n° 1*), nous avons aperçu les sieurs (*noms, professions, demeures*), qui pêchaient dans la rivière de..., au lieu dit..., en face de la propriété du sieur..., avec des filets traînants (*ou bien :* avec des filets dont les mailles n'avaient que.. millimètres d'ouverture ; *ou bien :* avec des nasses en osier dont les verges n'étaient écartées entr'elles que de..., millimètres). Nous leur avons en conséquence déclaré qu'ils étaient en contravention à l'acticle 28 de la loi du 15 avril 1829, et conformément à l'article 41 de la même loi, nous avons saisi ces engins pour les déposer au greffe. (*Si le délinquant refuse de livrer ses filets il faut avoir soin de mentionner cette circonstance.*)

Clos et signé par nous ledit jour, à. . . heure du. . .

LXXXI. — *Procès-verbal pour pêche en temps prohibé* (n° 6 de la note.)

Le. . du mois de. . ., etc. (*comme au modèle n° 1*), nous avons aperçu le sieur (*nom*, *profession*, *demeure*), qui pêchait dans la rivière de. . ., au lieu dit. . ., avec . . . Nous lui avons fait observer qu'il était en contravention aux règlements qui interdisent la pêche dans cette saison, et nous avons dressé, conformément à l'article 27 de la loi du 15 avril 1829, le présent procès-verbal que nous avons clos et signé ledit jour, à. . . heure du. . .

LXXXII. — *Procès-verbal pour filets trouvés sur des bateaux appartenant à des mariniers ou à des employés au balisage* (n° 4 de la note).

Le. ., du mois de. . ., etc. (*comme au modèle n° 1*), nous avons aperçu sur la rive droite (*ou gauche*) de la rivière de . ., au lieu dit . . , un bateau servant au transport de. . ., sur lequel étaient étendus des filets ; nous étant approché de cette embarcation, nous nous sommes assuré qu'elle appartenait au sieur (*nom*, *profession* , *demeure*). Nous avons en conséquence dressé contre ce dernier procès-verbal pour avoir contrevenu à l'article 33 de la loi du 15 avril 1829.

Clos et signé par nous ledit jour, à. . . heure du . .

LXXXIII. — *Procès-verbal contre un fermier de pêche qui aurait fait usage de filets non marqués* (n° 9 de la note).

Le... du mois de..., (etc. *comme au modèle n°1*), nous avons remarqué que le sieur (*nom, profession, demeure*), fermier de la pêche du cantonnement de..., sur la rivière de..., faisait usage de filets (ou autre engin quelconque), qui n'étaient pas plombés ni marqués conformément à l'article 32 de la loi du 15 avril 1829. Nous avons en conséquence dressé procès-verbal de cette contravention.

Clos et signé par nous ledit jour, à... heure du.

POIDS ET MESURES (1).

LXXXIV. — *Procès-verbal pour fausse balance*

L'an mil huit cent..., etc., je soussigné, garde champêtre de..., etc., étant en tournée pour la sur

---

(1) Les gardes-champêtres sont chargés de faire plusieurs fois dans l'année, des visites dans les boutiques et magasins, et dans les places publiques, foires et marchés, à l'effet de s'assurer : 1° de la justesse des instruments de pesage; 2° si les marchands font usage d'anciens poids ou d'anciennes mesures; 3° si leurs poids et mesures portent les marques et poinçons de vérification; 4° si les marchandises qui se vendent à la pièce ou au paquet, pour un poids annoncé, comme les pains de certaines espèces, les bougies, les chandelles, etc., pèsent réellement le poids dont il s'agit. (*Ordon. du 18 déc. 1825, art. 25, 26 et 27.*)

Il suffit pour qu'il y ait contravention, que les faux poids et les fausses mesures indiqués sous les trois premiers numéros ci-dessus existent dans une boutique, et lors même qu'on n'en ferait pas usage. Mais il importe cependant de constater si on s'en sert, par

veillance des poids et mesures, je me suis présenté dans la boutique du sieur (*nom, prénoms, demeure et profession*), et en examinant une balance qui s'y trouvait j'ai remarqué que les deux plateaux de cet instrument,

---

que dans ce cas il y a non pas une *contravention*, mais un *délit* punissable d'une peine plus forte.

Du reste les gardes-champêtres seront éclairés sur la nature des infractions par la classification qui suit :

Il y a *délit* proprement dit, en cette matière :

1° Lorsque l'acheteur est trompé par le vendeur sur la quantité de la chose vendue, par l'usage de faux poids ou de fausses mesures. (*Code pénal, art.* 423.)

2° Lorsque la vente a été faite *avec fraude* au moyen de poids et mesures prohibés, réputés faux. (*Id., art.* 424.)

Sont réputés faux, pour l'application de la peine en cas de fraude, les anciens poids et les anciennes mesures, quand même ils auraient été vérifiés et poinçonnés; sont également réputés faux, en cas de fraude dans la vente, les poids et mesures qui n'auraient pas été poinçonnés.

Il y a simple *contravention* en matière de poids et mesures :

1° Lorsque des faux poids ou des fausses mesures sont trouvés dans les magasins, boutiques, ateliers, dans les halles, foires ou marchés, quand même il ne serait pas constaté qu'on en ait fait usage. *Art* 479, *n.* 5 *du Code pénal.*)

2° Quand il est fait usage, quoique sans fraude, de poids ou de mesures anciens et illégaux. (*Idem, n.* 6.)

3° Quand il est fait usage de poids ou de mesures dépourvus du poinçon général de l'Etat et du poinçon annuel. (*Arrêts de la Cour de cassation des* 19 *oct. et* 13 *décembre* 1821, *du* 28 *mai* 1825, 6 *décembre* 1826 *et* 1er *août* 1828.)

4° Quand un colporteur est trouvé, en quelque lieu que ce soit, porteur de faux poids ou de fausses mesures, ou de poids ou de mesures prohibés, quand même il ne serait pas constaté qu'il en ait fait usage. (*Arrêts de la Cour de cassation du* 12 *juillet* 1822 *et du* 21 *mai* 1826.)

Dans les cas de *délits*, les procès-verbaux doivent être transmis au procureur impérial; et les procès-verbaux relatifs aux *contraventions* doivent être remis au commissaire cantonal ou au maire dans les communes qui ne sont pas chefs-lieux de canton.

D'après l'article 2 de l'ordonnance du 18 décembre 1825, les gardes-champêtres doivent prêter assistance aux vérificateurs de poids et mesures dans l'exercice des fonctions qui leur sont déléguées.

dégagés de tout poids, n'étaient pas en équilibre ; j'ai reconnu que ce défaut de justesse provenait de ce que (*indiquer ici la cause dont il s'agit ; par exemple, si un morceau de métal a été ajouté sous le plateau ou après l'un des bras du balancier, et mentionner la différence de poids qui résulte de cette fraude*). Attendu que par ce fait le sieur... est en contravention à la loi, je lui ai déclaré que je dresserais procès-verbal contre lui, et j'ai saisi ladite balance qui sera remise avec le présent procès-verbal à M. le Maire.

Clos et signé par moi, le...

LXXXV. — *Procès-verbal contre un colporteur qui serait nanti de faux poids ou de fausses mesures, ou de poids ou de mesures prohibés.*

Le... du mois de..., etc. (*comme au modèle nº 1*), nous avons rencontré dans l'intérieur de la commune un colporteur d'étoffes (*ou* d'autres marchandises), à qui nous avons demandé la représentation des mesures (*ou* des poids) dont il se servait pour le débit de sa marchandise. Obtempérant à cette réquisition, il nous a exhibé un mètre (*ou* des poids), et après l'examen que nous en avons fait nous avons remarqué que sur ce mètre (*ou* sur ce poids) ne se trouvait pas la marque du poinçon de l'État. Nous lui avons fait observer qu'il était à cet égard en contravention à la loi, et l'avons aussitôt sommé de nous dire son nom et sa demeure, et de nous remettre ses papiers pour justifier de son identité. Il nous a répondu qu'il se nommait..., demeurant à .. et nous a remis un passeport (*ou* d'autres pièces) qui confirmait sa déclaration. Nous avons saisi la mesure dont il s'agit pour la joindre au présent procès-verbal que nous avons clos et signé ledit jour .. à heure du...

RAMONAGE (1).

LXXXVI. — *Procès-verbal pour défaut de ramonage.*

Le... du mois de..., etc. (*comme au modèle n*o 1), faisant notre tournée pour visiter les fours et cheminées, conformément à l'arrêté de M. le Maire, en date du .., nous avons reconnu qu'aucune des cheminées de la maison du sieur..., rue .., no..., occupée par lui et par les sieurs .., n'avaient été ramonées et qu'elles étaient toutes remplies de suie. Nous avons déclaré audit sieur qu'il était en contravention à la loi et nous avons dressé contre lui le présent procès-verbal que nous avons clos et signé ledit jour, à... heure... du...

RÉBELLION.

(Voir au mot *Violences*.)

---

(1) Il existe dans presque toutes les communes des arrêtés municipaux déterminant l'époque où doit se faire le nettoyage des fours et cheminées : le garde-champêtre est chargé de surveiller l'exécution de ces arrêtés.

Aux termes de l'article 471, no 1 du Code pénal, ceux qui auraient négligé de nettoyer les fours et cheminées, sont punis d'une amende de un à cinq francs.

RÉCOLTES (1).

LXXXVII. — *Procès-verbal pour incendie de récoltes* (n° 5 de la note).

Le... du mois de..., etc. (*comme au modèle n° 1*), nous avons aperçu un grand feu allumé dans le champ du sieur (*nom, profession, demeure*); étant accouru sur les lieux, nous nous sommes aperçu que l'incendie

---

(1) La conservation des récoltes est un des principaux objets confiés à la vigilance des gardes-champêtres.

Ils doivent apporter, sous leur responsabilité, le plus grand soin à constater toutes les infractions qui touchent à cette matière importante. Pour leur facilitité, nous reproduisons ci-dessous toutes les dispositions pénales relatives aux récoltes, en les classant suivant la gravité des cas.

CRIMES.

1° Quiconque aura volontairement mis le feu à des récoltes en tas ou en meules, sera puni des travaux forcés à temps. (*Article 434 du Code Pénal*, § 5.)

2° Quiconque aura volé dans les champs des récoltes déjà détachées du sol ou des meules de grains faisant partie des récoltes, sera puni de la réclusion. (*Loi du* 28 *avril* 1832, *abrogeant l'article* 388 *du Code pénal.*)

DÉLITS DE POLICE CORRECTIONNELLE.

3° Quiconque aura dévasté des récoltes sur pied, sera puni d'un emprisonnement de deux à cinq ans et d'une amende de seize francs au moins. (*Art.* 444 *et* 455 *du Code pénal.*)

4° Quiconque aura coupé des grains ou des fourrages qu'il savait appartenir à autrui, sera puni d'un emprisonnement de six jours à deux mois, et d'une amende de seize francs au moins (*Art.* 449 *et* 445 *du Code pénal.* Voir le modèle donné au mot *Foins.*)

5° Ceux qui ont, par imprudence, causé l'incendie de récoltes ou de meules de grains ou de foin sont punis d'une amende de cinquante à cinq cents francs. (*Art.* 458 *du Code pénal.*)

CONTRAVENTIONS DE SIMPLE POLICE.

6° Sont punis d'une amende de six à dix francs:

Ceux qui sont entrés sur le terrain d'autrui, dans un temps où ce

existait dans une meule de grains (*ou* dans un tas de fourrages, de grains, etc.) et nous avons immédiatement requis les sieurs . . ., qui se trouvaient dans le voisinage, de nous aider à arrêter les progrès du feu ; mais malgré tous nos efforts nous n'avons pu sauver qu'une petite partie de cette récolte. Nous avons reconnu, en examinant les lieux, que cet incendie avait été produit par un feu allumé par des enfants dans un champ voisin appartenant au sieur (*nom, profession, demeure*); nous avons aussi constaté que ces enfants étaient les nommés (*noms des enfants, noms et demeures des parents*). Attendu que cet incendie a eu pour cause un

---

terrain était chargé de grains en tuyaux, de raisins ou d'autres fruits mûrs ou voisins de la maturité ;

Ceux qui auraient fait passer des bestiaux ou bêtes de trait sur le terrain d'autrui ensemencé ou chargé d'une récolte, en quelque saison que ce soit. (*Art.* 475, *nos* 9 *et* 10 *du Code pénal.*)

Ceux qui auraient dérobé des récoltes ou autres productions utiles de la terre qui, avant d'être soustraites, n'étaient pas encore détachées du sol. (*Art.* 475, *no* 15 *id.*)

7° Sont punis d'une amende de 1 à 5 francs :

Ceux qui auront glané ou grapillé dans les champs non encore dépouillés et vidés de leurs récoltes, ou avant le moment du lever ou après celui du coucher du soleil (*Art.* 471, *no* 10 *du Code pénal.*)

Ceux qui auront passé sur le terrain d'autrui, si ce terrain était *préparé* ou *ensemencé*. (*Même article, no* 13.)

Il a été jugé que les prairies ont le caractère de terrain préparé ou ensemencé. Par conséquent le fait de les traverser constitue une contravention prévue par cet article. (Arrêt de la cour de Cassation du 12 juillet 1855.)

Ceux qui auront laissé passer leurs bestiaux ou bêtes de trait, de charge ou de monture sur le terrain d'autrui, avant l'enlèvement de la récolte. (*Même article, no* 14.)

Ceux qui auraient cueilli ou mangé, sur le lieu même, des fruits appartenant à autrui. (*Même art., no* 9.)

Les procès-verbaux relatifs aux *crimes* ou *délits* ci-dessus énumérés sous les cinq premiers numéros doivent être transmis au procureur impérial.

Les procès-verbaux constatant les *contraventions* spécifiées aussi ci-dessus sous les nos 6 et 7, doivent être remis au commissaire cantonal ou au maire.

délit prévu par l'article 458 du Code pénal, nous avons dressé le présent procès-verbal tant contre lesdits enfants que contre leurs parents comme civilement responsables.

Clos et signé, etc.

LXXXVIII. — *Procès-verbal pour vol de récoltes* (n° 2 de la note).

Le... du mois de..., etc. (*comme au modèle n° 1*), avons aperçu dans une pièce de terre appartenant au sieur...., et située au canton de..., un individu qui (*indiquer la nature et les circonstances du vol*). Nous lui avons demandé son nom, sa profession et sa demeure, et de quel droit il enlevait ces objets ; il a répondu (*transcrire sa réponse*). Cette réponse ne nous ayant pas paru satisfaisante et, en raison du flagrant délit, nous avons arrêté cet individu et l'avons conduit devant M. le Maire. (*Si le vol a été commis à l'aide de bestiaux, il faut ajouter :* nous avons aussi saisi sa voiture et ses bestiaux, que nous avons conduits au domicile du sieur...., désigné par M. le Maire pour recevoir les animaux mis en fourrière.)

Clos et signé ledit jour, à... heure du....

LXXXIX — *Procès-verbal pour dévastation de récoltes* (n° 3 de la note).

Le... du mois de..., etc. (*comme au modèle n° 1*), nous avons surpris le sieur (*nom, profession, demeure*), qui dévastait en (*indiquer le moyen employé*) un champ couvert de..., appartenant au sieur...., et situé au canton de... Nous avons estimé le dégât ainsi occasionné à la somme de... Nous avons déclaré audit sieur.... qu'il était en contravention à l'article 444 du Code pénal, et, vu le flagrant délit, nous l'avons arrêté et conduit devant M. le Maire.

Le présent procès-verbal a été clos et signé par nous ledit jour, à . . heure du . .

XC. — *Procès-verbal pour avoir laissé passer des bestiaux sur le terrain d'autrui, avant l'enlèvement de la récolte* (n° 6 de la note).

Le... du mois de..., etc. (*comme au modèle n° 1*), nous avons aperçu (*nombre*) vaches (*ou* autres bêtes) qui traversaient un champ situé au lieu dit. . ., et appartenant au sieur . ., lequel champ, nouvellement récolté, était encore couvert de plusieurs tas de pommes de terre (*ou* d'un certain nombre de gerbes), qui n'avaient pas encore été enlevés. Nous avons reconnu que le conducteur de ces bestiaux était le nommé . . , domestique du sieur (*nom, profession demeure*) ; nous lui avons fait observer que la loi défend de faire passer des animaux sur le terrain d'autrui avant l'enlèvement de la récolte et que nous dresserions procès-verbal de cette contravention tant contre lui que contre son maître comme civilement responsable.

Clos et signé par nous ledit jour, à . . heure du . . .

XCI. — *Procès-verbal pour passage sur le terrain d'autrui, quand ce terrain est chargé de récoltes sur pied ou ensemencé* (n° 6 de la note).

Le... du mois de..., etc. (*comme au modèle n° 1*), nous avons aperçu le sieur (*nom, profession, demeure*), qui traversait (*ou* qui faisait traverser par ses bestiaux) une pièce de terre chargée de blé en tuyaux (*ou* d'une autre sorte de récolte, *ou* ensemencée de . .), située au canton de..., et appartenant au sieur...; nous avons estimé à la somme de... le dégât ainsi occasionné; nous avons déclaré audit sieur.... qu'il était en contravention à la loi, et nous avons, en conséquence, dressé le présent procès-verbal que nous avons clos et signé ledit jour, à... heure du...

RIXES ET DISPUTES (1).

XCII. — *Procès-verbal pour rixes et disputes accompagnées d'ameutement dans les rues.*

Le... du mois de..., etc. (*comme au modèle n° 1*), ayant aperçu dans la rue de..., près de la maison (*ou* de l'auberge) du sieur..., un attroupement considérable d'où s'élevaient des cris confus, nous sommes accouru sur les lieux et nous avons constaté que ce rassemblement avait été provoqué par une rixe engagée

---

(1) Le premier devoir d'un garde-champêtre, en cas de rixes ou de disputes, est de séparer les assaillants et les assaillis.

S'il en est résulté des blessures graves il doit immédiatement faire son rapport au commissaire de police ou au maire afin que ces fonctionnaires aillent sur les lieux pour y faire l'instruction nécessaire.

En cas d'urgence, le garde-champêtre dressera lui-même procès-verbal.

— Il y a *contravention* de police lorsque des rixes ou disputes provoquent des ameutements dans les rues. (*Art. 3, tit. XI de la loi du 24 août 1790, et art. 19, titre I de la loi du 22 juillet 1791.*)

— Il y a *délit correctionnel* s'il en résulte des coups ou des blessures qui occasionneraient une maladie ou une incapacité de travail de moins de vingt jours. — (*Emprisonnement d'un mois à 2 ans et amende de 16 à 200 fr. — Loi du 28 avril 1832 abrogeant l'art. 311 du Code pénal.*)

— Il y a *crime*, puni de la peine de la réclusion, s'il est résulté de ces actes de violence une maladie ou une incapacité de travail pendant plus de vingt jours. (*Loi du 28 Avril 1832 abrogeant l'art. 309 du Code pénal.*)

entre deux (*ou* un un plus grand nombre) individus que nous avons immédiatement sommés de se séparer. Nous avons reconnu que ceux qui avaient pris part à cette rixe étaient les sieurs (*noms, prénoms et domicile de chacun d'eux*) ; nous leur avons déclaré qu'ils étaient en contravention à la loi et que nous dresserions procès-verbal contre eux.

Clos et signé par nous ledit jour, à... heure du...

XCIII. — *Procès-verbal pour blessures occasionnées par une rixe.*

Le... du mois de..., etc. (*comme au modèle n° 1*), ayant été informé qu'un individu venait d'être blessé gravement pendant une rixe et qu'il avait été transporté à (*indiquer l'endroit*), nous nous y sommes immédiatement rendu en même temps que nous faisions appeler un chirurgien. Nous avons trouvé au lieu indiqué le sieur (*nom, profession, demeure*) ayant à (*indiquer la partie du corps*) une blessure (*nature et gravité de la blessure*). Le blessé nous a déclaré... Ayant ensuite interrogé les personnes qui entouraient le blessé et qui avaient été témoins de la rixe, le sieur... a déclaré... ; le sieur... a déclaré...

De tout ce qui précède nous avons dressé le présent procès-verbal que les déclarants ont signé avec nous et que nous avons clos ledit jour, à... heure du...

ROULAGE (1).

XCIV. — *Procès-verbal pour* défaut de plaque.

Le... etc., faisant notre tournée ordinaire et nous

(1) La police du roulage est régie actuellement par la loi du 30

trouvant sur la route, au territoire de cette commune, nous avons vu venir à nous une voiture attelée de.... chevaux, chargée de......, qui n'était pas munie

mai 1851, et par les règlements d'administration publique rendu en exécution de cette loi, en date du 10 août 1852.

Les règlements sur le police du roulage sont applicables 1° sur les routes impériales ; 2° sur les routes départementales ; 3° sur les chemins vicinaux de grande communication.

Les gardes-champêtres sont compris au nombre des agents spécialement chargés de constater les contraventions et délits en cette matière. (*Art. 14 de la loi précitée.*)

Parmi les dispositions légales qui réglementent la police du roulage il en est qui sont applicables à *toute espèce de voitures ;* d'autres qui ne concernent que les *voitures ne servant pas au transport des personnes ;* et enfin d'autres qui n'ont pour objet que les *voitures de messageries.*

§ 1.

Les dispositions suivantes sont applicables à *toutes les voitures :*

1° Les essieux des voitures ne peuvent avoir plus de deux mètres cinquante centimètres de longueur, ni dépasser, à leurs extrémités, le moyeu de plus de six centimètres. La saillie des moyeux ne doit pas excéder de plus de douze centimètres le plan passant par le bord extérieur des bandes. Il est accordé toutefois une tolérance de deux centimètres sur cette saillie pour les roues qui ont déjà fait un certain service. (*5 à 30 francs d'amende. Art. 2 et 4 de la loi du 30 mai 1851. — Art. 2 de l'ord. du 10 août 1852.*)

2° Il est défendu de faire usage de clous à tête de diamant, et tout clou de bande ne peut former une saillie de plus de cinq millimètres. (*5 à 30 francs d'amende. Art. 4 de la même loi. — Art. 2 de la même ord.*)

3° Hors le cas où les *chevaux de renfort* sont au orises, et en dehors du temps de neige ou de verglas, il ne peut être attelé 1° aux voitures servant au transport des marchandises, plus de cinq chevaux si elles sont à deux roues, plus de huit si elles sont à quatre roues, sans qu'il puisse y avoir plus de cinq chevaux de file ; 2° aux voitures servant au transport des personnes, plus de trois chevaux si elles sont à deux roues, plus de six si elles sont à quatre roues. (*5 à 30 francs d'amende. Art. 3 de la même ord.*)

4° En temps de dégel les voitures ne peuvent circuler pendant la fermeture des barrières établies par l'autorité, à l'exception des malles de la poste, des voitures suspendues n'appartenant pas à un service

de la plaque prescrite par l'article 3 de la loi sur la police du roulage en date du 30 mai 1851 (*ou bien* munie d'une plaque portant un nom illisible). Nous

---

de messagerie. Sont aussi exceptées, les voitures non chargées et enfin. quand la chaussée est pavée, les voitures chargées mais attelées seulement d'un cheval si elles sont à deux roues et de deux chevaux si elles sont à quatre roues; et quand la chaussée est en pierres les voitures chargées, mais attelées seulement de deux chevaux si elles sont à deux roues et de 3 chevaux si elles sont à quatre roues. (*5 à 30 francs d'amende. Art. 7 de l'ord. précitée.*)

5° Pendant la traversée des ponts suspendus, les chevaux doivent être mis au pas; les voituriers tiendront les guides ou le cordeau, les conducteurs ou postillons resteront sur leurs siéges. — Défense est faite aux voituriers de dételer aucun de leurs chevaux pour le passage du pont. — Toute voiture attelée de plus de cinq chevaux ne doit pas s'engager sur le tablier d'une travée quand il y a déjà sur cette travée une voiture d'un attelage supérieur à ce nombre de chevaux. (*5 à 30 francs d'amende. Art. 8 de l'ord.*)

6° Tout roulier ou conducteur de voiture doit se ranger à sa droite à l'approche d'une autre voiture de manière à lui laisser au moins le moitié de la chaussée. (*6 à 10 francs d'amende Art. 9 de l'ord.*)

7° Il est interdit de laisser stationner sans nécessité sur la voie publique une voiture attelée ou non attelée. (*6 à 10 francs d'amende.*)

8° Lorsque, par la faute, la négligence ou l'imprudence du conducteur, une voiture aura causé un dommage quelconque à une route ou à ses dépendances, le conducteur sera condamné à une amende de trois à cinquante francs. Il sera de plus condamné aux frais de la réparation. (*Art. 9 de la loi précitée.*)

§ 2.

Il y a contravention quant aux *voitures ne servant pas au transport des personnes :*

1° Quand la largeur de leur chargement dépasse de deux mètres cinquante centimètres; sont affranchies de cette prescription les voitures d'agriculture employées au transport des récoltes des champs à la ferme ou au marché. (*5 à 38 francs d'amende. Art. 11 de l'ord.*).

2° Quand la largeur des colliers dépasse quatre-vingt-dix centimètres, mesurés entre les points les plus saillants des pattes des attelles. (*5 à 30 francs d'amende. Art. 12 id.*)

3° Quand elles se suivent par convois de plus de quatre, si elles sont à quatre roues et à un cheval; ou par convois de plus de trois si elles sont à deux roues et à un cheval; ou enfin de plus de deux

avons demandé au conducteur ses noms et prénoms ; il nous a répondu qu'il se nommait... et que la voiture appartenait au sieur *(nom, prénoms, profession*

---

si l'une d'elle est attelée de plus d'un cheval. L'intervalle d'un convoi à l'autre ne peut être moindre de cinquante mètres. *(6 à 10 francs d'amende. Art. 13 id.)*

4° Quand un voiturier ou conducteur ne se tient pas à portée de ses chevaux ou bêtes de trait et en position de les guider. *(6 à 10 francs d'amende. Art. 14 id.)*

5° Quand un seul conducteur a la conduite de plus de quatre voitures à un cheval si elles sont à quatre roues et de plus de trois chevaux à un cheval si elles sont à deux roues. — Chaque voiture attelée de plus d'un cheval doit avoir son conducteur. *(6 à 10 francs d'amende. Art. 14 id.)*

6° Quand une voiture circule la nuit sans lanternes. *(6 à 10 francs d'amende. Art. 15 id.)*

7° Quand une voiture, non employée à l'agriculture, ne porte pas, en avant des roues et au côté gauche, une plaque métallique portant en caractères lisibles les nom, prénoms, profession et domicile de son propriétaire. *(6 à 15 francs d'amende pour le propriétaire, et 1 à 6 francs pour le conducteur. Art. 16 id.)*

Cette diposition ne concerne pas les voitures affectées à un service de l'état ou au transport des personnes.

§ 3.

Dispositions du règlement du 10 août 1852 applicables aux voitures de messageries:

Art 22. La bâche qui recouvre le chargement ne peut déborder les montants ni la hauteur de la traverse.

Il est défendu d'attacher aucun objet en dehors de la bâche.

Art. 27. Toute voiture publique doit être munie d'une machine à enrayer agissant sur les roues de derrière, et disposée de manière à pouvoir être manœuvrée de la place assignée au conducteur.

Les voitures doivent être, en outre, pourvues d'un sabot et d'une chaîne d'enrayage, que le conducteur placera à chaque descente rapide.

Les préfets peuvent dispenser de l'emploi de ces appareils les voitures qui parcourent uniquement des pays de plaine.

Art. 28. Pendant la nuit, les voitures publiques seront éclairées par une lanterne à réflecteur placée à droite et à l'avant de la voiture.

Art. 29. Chaque voiture porte à l'extérieur, dans un endroit apparent, indépendamment de l'estampille délivrée par l'administration

et domicile), pour le compte duquel il la conduisait. Nous avons déclaré au conducteur qu'il se trouvait en contravention à la loi précitée* et que, ne connaissant

---

des contributions indirectes, le nom et le domicile de l'entrepreneur, et l'indication du nombre des places de chaque compartiment.

Art. 30. Elle porte à l'intérieur des compartiments : 1° le numéro de chaque place; 2° le prix de la place depuis le lieu du départ jusqu'à celui de l'arrivée. — L'entrepreneur ne peut admettre dans les compartiments de ses voitures un plus grand nombre de voyageurs que celui indiqué sur les panneaux, conformément à l'article 29.

Art. 33. Toute voiture publique dont l'attelage ne présentera de front que deux rangs de chevaux pourra être conduite par un seul postillon ou un seul cocher. — Elle devra être conduite par deux postillons ou par un cocher et un postillon, lorsque l'attelage comportera plus de deux rangs de chevaux.

Art. 34. Les postillons ou cochers ne pourront, sous aucun prétexte, descendre de leurs chevaux ou de leurs siéges. — Il leur est enjoint d'observer, dans les traversées des villes et des villages, les règlements de police concernant la circulation dans les rues. — Dans les haltes, le conducteur et le postillon ne peuvent quitter en même temps la voiture tant qu'elle reste attelée. — Avant de remonter sur son siége, le conducteur doit s'assurer si les portières sont exactement fermées.

Art. 35. Lorsque, contrairement à l'article 9 du présent décret, un roulier ou conducteur de voiture n'aura pas cédé la moitié de la chaussée à une voiture publique, le conducteur ou postillon qui aurait à se plaindre de cette contravention devra en faire déclaration à l'officier de police du lieu le plus rapproché, en faisant connaître le nom du voiturier d'après la plaque de sa voiture. Les procès-verbaux de contravention seront sur le champ transmis au procureur impérial qui fera poursuivre les délinquants.

Art. 37. Les relayeurs ou leurs préposés seront présents à l'arrivée et au départ de chaque voiture, et s'assureront par eux-mêmes, et sous leur responsabilité, que les postillons ne sont pas en état d'ivresse. — La tenue des relais, en tout ce qui intéresse la sûreté des voyageurs, est surveillée, à Paris, par le préfet de police, et dans les départements par les maires des communes où ces relais se trouvent établis.

Art. 38. Nul ne peut être admis comme postillon ou cocher s'il n'est âgé de seize ans au moins et porteur d'un livret délivré par le maire de la commune de son domicile, attestant ses bonnes vie et mœurs, et son aptitude pour le métier qu'il veut exercer.

Art. 41. Les voitures publiques qui desservent les routes des pays

pas le propriétaire au service duquel il était, je le sommais, aux termes de l'article 21 de ladite loi, de me suivre avec sa voiture devant M. le Maire pour consigner entre ses mains l'amende encourue, ou à

---

voisins et qui partent des villes frontières ou qui y arrivent ne sont pas soumises aux règles ci-dessus prescrites. Elles doivent toutefois être solidement construites.

Art. 42 Les articles ci-dessus, de 16 à 38, seront constamment placardés, à la diligence des entrepreneurs de voitures publiques, dans le lieu le plus apparent des bureaux et des relais.

Les articles de 28 à 38 inclusivement, seront imprimés à part et affichés dans l'intérieur de chacun des compartiments de voitures.

La peine encourue pour toute contravention relative aux voitures de messageries est de seize à deux cents francs d'amende et d'un emprisonnement de six à dix jours. (*Art. 6 de la loi du 30 mai 1851.*)

Est passible d'une amende de seize à deux cents francs tout conducteur qui, sommé de s'arrêter par l'un des agents chargés de constater les contraventions, refuserait d'obtempérer à cette sommation, et de se soumettre aux vérifications prescrites, sans préjudice des peines qu'il encourrait en cas d'outrages ou de violences envers ces fonctionnaires et à raison desquels il se verrait appliquer les dispositions des articles 222 et suivants du Code pénal. (*Art. 10 et 11 de la même loi.*)

Le tiers des amendes encourues pour toutes les contraventions de roulage ci-dessus énumérées, à l'exception de la dernière, appartient au garde-champêtre ou à tout autre agent qui aurait dressé le procès-verbal. (*Art. 28 de la même loi.*)

Consignation de l'amende. — Si le contrevenant est étranger ou inconnu, sa voiture doit être retenue jusqu'à ce qu'il ait été statué sur le procès-verbal, à moins qu'il ne consigne immédiatement le montant présumé de l'amende et des frais de réparation encourus ou qu'il ne présente une caution solvable.

C'est au maire qu'il appartient de déterminer le montant de la consignation. (*Art. 20 et 21 de la loi du 30 mai 1851.*)

Cette consignation doit être faite directement à la caisse du receveur de l'enregistrement. Cependant, lorsqu'il n'existera pas de bureau dans la commune, l'agent rédacteur peut recevoir la consignation. Ce fait doit être constaté par une déclaration du maire et du garde, signée en marge ou à la suite du procès-verbal, et la somme consignée doit être versée par le garde au bureau de l'enregistrement lors de la présentation du procès-verbal à la formalité. Dans ce cas

défaut de consignation, pour qu'il soit statué ce que de droit* (1). Nous avons en conséquence dressé le présent procès-verbal que nous avons clos et signé le jour susdit, à... heure du...

XCV. — *Procès-verbal contre un voiturier qui circulerait la nuit* sans lanterne (§ 2, n° 6 et § 3, art. 28 de la note).

Le... du mois de...., etc. (*comme au modèle n° 1*), nous avons rencontré sur la route impériale n°... (*ou*

(1) Si le propriétaire de la voiture est connu, le garde-champêtre supprimera de cette rédaction tout ce qui se trouve entre ces deux signes *.

la quittance de la somme versée par le garde est donnée par le receveur sur le procès-verbal.

Voici dans quels termes peut être rédigée la déclaration à signer par le maire et par le garde-champêtre, en cas de consignation immédiate :

Le maire de la commune de..., déclare que le sieur..., contre lequel a été dressé le procès-verbal ci-dessus, a versé entre les mains du garde-champêtre soussigné, la somme de..., à laquelle a été arbitré provisoirement en vertu de l'article 20 de la loi du 31 mai 1851, le montant de l'amende et (s'il y a lieu) *des frais de réparations encourus.*

(Signatures du maire et du garde-champêtre.)

Enregistrement des procès-verbaux. — Les procès-verbaux de roulage doivent être enregistrés dans les *trois jours* de leur date ou de leur affirmation, *à peine de nullité*. (*Art. 19 de la loi du 30 mai 1851; art. 493 du décret du 1er mars 1854.*)

En cas de retard dans la présentation d'un procès-verbal à la formalité de l'enregistrement, le garde qui l'a rédigé est débiteur personnel du droit d'enregistrement dont était passible le procès-verbal et encourt, en outre, une amende de cinq francs, aux termes de l'article 10 de la loi du 16 juin 1824.

Tous les procès-verbaux en matière de roulage doivent être adressés au sous-préfet dans les deux jours de l'enregistrement. (*Art. 22 de la loi du 30 mai 1851.*)

sur la route départementale de..., *ou* sur le chemin vicinal de grande communication allant de.... à....), près la borne kilométrique n°..., une voiture chargée de marchandises, qui n'était pas munie de lanterne. Nous avons demandé au conducteur son nom et sa demeure; il nous a répondu qu'il se nommait... et que la voiture qu'il conduisait appartenait au sieur (*nom, profession, demeure*), nous avons vérifié l'exactitude de cette déclaration sur sa feuille de route (*ou* sur la plaque de la voiture). Nous lui avons déclaré qu'il était en contravention à la loi et que nous dresserions procès-verbal tant contre lui que contre son maître comme civilement responsable.

Clos et signé ledit jour, à... heure du...

Si le conducteur est inconnu et n'a pas de feuille de route, la fin du procès-verbal sera rédigée comme au modèle qui précède.

XCVI. — *Procès-verbal contre un voiturier qui ne se trouverait pas à* portée *de ses chevaux pour les guider* (§ 2, n° 4 de la note).

Le... du mois de..., etc. (*comme au modèle n° 1*), nous avons rencontré sur la route impériale n°... (*ou* sur la route départementale de...), au lieu dit..., une voiture chargée de..., qui paraissait circuler sans conducteur. Nous étant approché de cette voiture, nous avons remarqué que le conducteur était couché dans l'intérieur de la voiture (*ou* était assis sur une banquette placée de long de la voiture entre les roues de devant et celle de derrière) et s'y était endormi. Après avoir fait arrêter la voiture, nous avons interpellé ledit conducteur afin qu'il nous fit connaître son nom et sa demeure (*le reste comme au modèle précédent.*)

XCVII. — *Procès-verbal contre un voiturier qui ne se serait pas* rangé à sa droite *à l'approche d'une autre voiture* (§ 1, n° 6 de la note).

Le... du mois de...., etc. (*comme au modèle n° 1*), nous trouvant sur la route..., vers la borne kilométrique n°..., nous avons aperçu deux voitures marchant en sens opposé et nous avons remarqué que, quelque temps avant leur rencontre, le conducteur de l'une d'elles, au lieu de se ranger à sa droite, avait dirigé ses chevaux vers sa gauche de manière à empêcher l'autre voiture de se ranger elle-même sur sa droite. Nous étant approché du conducteur de la première voiture nous lui avons déclaré qu'il était en contravention aux lois et règlements sur la police du roulage. Sommé de nous dire son nom et sa demeure, il a déclaré qu'il se nommait... et qu'il était au service du sieur (*nom, profession, domicile*), déclaration conforme à l'inscription portée sur la plaque de ladite voiture.

Nous avons en conséquence dressé le présent procès-verbal tant contre ledit sieur (*nom du voiturier*), que contre le sieur..., son maître, comme civilement responsable.

Clos et signé ledit jour, à... heure du...

XCVIII. — *Procès-verbal pour excès de longueur des* essieux *ou excès de saillie des* moyeux (§ 1, n° 1 de la note).

Le..., etc., faisant notre tournée ordinaire, avons rencontré sur la route impériale n°... (*ou* sur la route départementale n°..., *ou* sur le chemin vicinal de grande communication de... à...) entre la (*numéro*) et la (*numéro*) borne kilométrique, sur le territoire de cette commune, une voiture chargée de..., sous la conduite du sieur..., et appartenant au sieur (*nom, prénoms, profession et domicile*), ainsi que nous l'avons vérifié sur la plaque de ladite voiture, et nous avons constaté que la longueur des essieux de cette voiture était de 2 mètres 56 centimètres (*ou* que les essieux de cette voiture dépassaient le moyeu de 9 centimètres; *ou* que la saillie des moyeux dépassait de 15 centimètres le plan passant par le bord extérieur des bandes) et attendu que ce fait constitue de la part du sieur (*nom du propriétaire*), une contravention à la loi sur la police du roulage, nous avons dressé contre lui le présent procès-verbal, que nous avons clos et signé le jour ci-dessus, à... heure du...

XCIX. — *Procès-verbal pour* Clous à tête de diamant (§ 1, n° 2 de la note).

Le..., etc., faisant notre tournée ordinaire et nous trouvant sur la route impériale, n°... (*ou* sur la route départementale n°..., *ou* sur le chemin de grande communication de..., à...), au lieu dit..., sur le territoire de cette commune, nous avons remarqué dans les ornières formées par une voiture qui nous précédait, des traces profondes que nous avons jugées avoir été produites par des clous dits à tête de diamant; nous étant approché du conducteur de cette voiture nous l'avons sommé de s'arrêter et nous avons constaté qu'effectivement les bandes des roues de cette voiture portaient (*nombre*) clous de cette espèce. Interpellé sur ses nom et qualité, ledit conducteur nous a dit se nommer (*nom, prénoms*), domestique au service du sieur... (*nom, prénoms, profession et domicile*), propriétaire de la voiture ainsi que nous l'avons constaté sur la plaque attachée en avant des roues; nous avons fait observer audit conducteur que l'usage de clous à tête de diamant constituant une contravention à la loi, nous allions dresser procès-verbal tant contre lui que contre son maître comme civilement responsable.

Clos et signé le..., à... heure du...

C. — *Procès-verbal pour attelage* d'un trop grand nombre de chevaux (§ 1, n° 3 de la note).

Le..., etc., faisant notre tournée ordinaire, nous avons rencontré sur la route impériale n°... (*ou* sur la route départementale n°..., *ou* sur le chemin de grande communication de... à...) au lieu dit..., sur le territoire de cette commune, une voiture à quatre roues, chargée de..., et attelée de dix chevaux; ayant sommé le conducteur de s'arrêter, nous lui avons demandé ses nom et prénoms, en lui faisant observer qu'il était en contravention à l'article 3 du règlement du 10 août 1851, sur la police du roulage, qui interdit d'atteler plus de huit chevaux aux voitures servant au transport des marchandises; il nous a répondu qu'il se nommait..., que la voiture qu'il conduisait appartenait au sieur (*nom, prénoms, profession et domicile*), et qu'il ignorait qu'il fût en contravention. Après avoir vérifié sur la plaque attachée sur le devant de la voiture qu'elle appartenait réellement au sieur..., nous avons déclaré au conducteur ci-dessus désigné que son allégation ne pouvant être admise, nous dresserions procès-verbal de la contravention par lui commise.

Clos et signé le jour ci-dessus, à.... heure du...

CI. — *Procès-verbal pour contravention aux dispositions de police pour la* traversée des ponts suspendus (§ 1, n° 5 de la note).

Le..., etc., nous trouvant à proximité du pont suspendu établi sur la rivière de..., au territoire de cette commune, au lieu dit..., nous avons aperçu une voiture (*désigner l'espèce*), qui traversait au trot ledit pont (*ou bien:* dont un cheval avait été dételé pour le passage du pont; *ou bien :* une voiture attelée de huit chevaux, chargée de..., qui se trouvait sur le tablier de la dernière travée dudit pont, du côté de la rive gauche (*ou droite*) lorsqu'une autre voiture attelée de six chevaux et chargée de..., venant du côté opposé, est venue s'engager sur la même travée). Nous étant approché de cette dernière voiture, nous avons constaté sur la plaque que son propriétaire, qui la conduisait, se nommait..., et nous lui avons déclaré qu'il se trouvait en contravention aux règlements sur la police du roulage, qui défendent de (*énoncer le fait constituant la contravention*). Nous avons en conséquence dressé contre lui le présent procès-verbal qui sera transmis à M. le Sous-Préfet, conformément à l'article 22 de la loi du 31 mai 1851.

Clos et signé par nous le..., à... heure du...

CII. — *Procès-verbal contre le conducteur d'une voiture qui aurait refusé de s'arrêter* pour la vérification d'une contravention.

Le... du mois de..., etc., étant en tournée de service sur la route... au lieu dit..., sur le territoire de cette commune, nous avons vu venir vers nous une voiture à... roues, chargée de... et qui ne parraissait pas être munie de la plaque prescrite par la loi (*ou bien:* qui se trouvait dans tout autre cas de contravention que le rédacteur du procès-verbal indiquera). Les chevaux de ladite voiture étant lancés au grand trot, nous avons fait signe au conducteur qu'il eût à s'arrêter ;

voyant qu'il ne tenait pas compte de cet avertissement, nous l'avons sommé à haute voix d'arrêter ses chevaux, mais il continua sa route sans obtempérer à cette sommation. Ce refus constituant une contravention à l'article 18 de la loi du 30 mai 1851, nous avons dressé le présent procès-verbal contre le conducteur de ladite voiture que nous avons reconnu pour être le sieur (*nom, prénoms, qualité et domicile*).

Clos et signé par nous ledit jour, à... heure du...

SELS (1).

CIII. — *Procès-verbal pour fabrication clandestine de sels.*

Le... du mois de..., etc. (*comme au modèle n° 1*), nous avons remarqué que l'on faisait bouillir, sous un hangar appartenant au sieur (*nom, profession, demeure*), et attenant à sa maison, de l'eau saline prise de la source (*ou* au ruisseau de...), à l'effet d'en extraire le sel. Nous avons demandé à l'individu qui se

---

(1) Il y a contravention :

1° Quand on fabrique du sel sans une autorisation spéciale. (*Loi du 28 juillet 1791.*)

2° Quand on fait circuler du sel dans le rayon de trois lieues d'une saline impériale ou de la ligne des côtes, sans être muni d'expédition légale. (*Loi du 24 avril et décret du 11 juin 1806.*)

Les recherches des fraudes ne peuvent se faire dans les maisons habitées qu'avec l'assistance d'un officier municipal, après le lever et avant le coucher du soleil.

Une part de l'amende encourue est attribuée au garde-champêtre. (*Art. 7 de l'ordonnance du 19 mars 1817.*)

Les contraventions aux lois sur les sels sont de la compétence des juges de paix, à moins que la fraude n'ait été commise par une réunion de trois individus au moins, ou que le coupable ne soit en état de récidive. (*Loi du 17 déc. 1814, art. 29.*)

Dans ces deux dernières circonstances, les tribunaux correctionnels étant seuls compétents, il y a lieu d'envoyer les procès-verbaux au procureur impérial.

livrait à cette opération, s'il travaillait pour son compte ou pour celui d'autrui et quels étaient ses nom, profession et demeure; il a répondu... Et, attendu qu'il y a contravention à la loi, nous avons dressé contre qui il appartiendra le présent procès-verbal que nous avons clos et signé ledit jour, à... heure du...

TABACS (1).

CIV. — *Procès-verbal pour plantation de tabacs sans permission.*

Le... du mois de..., etc. (*comme au modèle n° 1*), nous avons remarqué sur un champ (*ou* dans un jardin), appartenant au sieur... et situé au canton dit..., plusieurs centaines de plantes de tabac. Ayant demandé au sieur..., s'il avait la permission nécessaire pour se livrer à cette culture, il nous a répondu qu'il ne faisait pas le commerce du tabac et que les plantes dont il s'agit étaient destinées à son usage personnel. Mais, attendu que nul ne peut cultiver plus de vingt plantes de tabac sans une permission de l'autorité compétente, nous avons déclaré audit sieur... qu'il était en contra-

---

(1) Il y a contravention en cette matière:

1° En cas de culture sans autorisation de plus de vingt pieds de tabac (*50 francs d'amende par cent pieds, et 150 francs si le terrain est clos de murs. — Art. 180 et 181 de la loi du 28 avril 1816*.)

2° En cas de vente, de fabrication ou de colportage de tabacs en fraude de la régie (*300 à 1000 francs d'amende, indépendamment de la confiscation des tabacs saisis, de celle des ustensiles servant à la vente, et en cas de colportage de celle des moyens de transport.* — (*Art. 222 de la même loi.*)

Les gardes-champêtres peuvent arrêter les auteurs des délits de cette seconde espèce, et ils ont droit à une prime de 15 francs pour chaque personne arrêtée. (*Art. 1 de l'ordonnance du 31 décembre 1817*).

vention à la loi et nous avons en conséquence dressé le présent procès-verbal que nous avons clos et signé le jour susdit, à... heure du...

CV. — *Procès-verbal pour vente de tabacs en fraude de la régie.*

Le... du mois de..., etc. (*comme au modèle n° 1*), nous avons surpris un individu qui vendait du tabac à fumer (*ou à priser, ou des cigares*) au sieur..., et attendu que ce tabac ne sort pas des bureaux de la régie des contributions indirectes, nous avons déclaré à cet individu qu'il était en contravention à la loi ; sommé de nous dire ses nom, profession et demeure, il a déclaré... Nous avons ensuite saisi le tabac trouvé en sa possession et qui consistait en..., et nous avons arrêté et conduit le fraudeur devant M. le Maire.

Le présent procès-verbal a été clos et signé par nous le jour ci-dessus mentionné, à... heure du...

USURPATIONS DE TERRAIN (1).

CVI. — *Procès-verbal pour des raies de terre prises sur un voisin.*

Le... du mois de..., etc. (*comme au modèle n° 1*, nous avons reconnu que le sieur (*nom, profession, demeure*), en labourant un champ qu'il exploite au lieu dit... a retourné (*nombre*) raies de terre ayant une largeur totale de... sur... de longueur, dans une pièce de terre contiguë, actuellement ensemencée.. et appartenant au sieur... Nous avons évalué à... le dommage

(1) Si l'usurpation a eu lieu sur un chemin, voir à la page 69 de ce formulaire.

causé par ce fait à ce dernier. Et, conformément à la loi du 6 octobre 1791, qui charge les gardes-champêtres de veiller à la conservation des propriétés rurales, nous avons dressé le présent procès-verbal que nous avons clos et signé ledit jour, à... heure du...

VAGABONDAGE (1).

CVII. — *Procès-verbal contre un individu en état de vagabondage.*

Le... du mois de..., etc. (*comme au modèle n° 1*), nous avons aperçu à... (*indiquer le lieu*), un individu dont les allures nous ont semblé suspectes et qui (*indiquer ce qu'il faisait et ce qui a donné lieu à son égard au soupçon de vagabondage.*) L'ayant abordé nous l'avons sommé de nous exhiber son passeport et ses papiers, il a répondu qu'il n'en avait point; mais (*transcrire sa réponse*), nous lui avons alors déclaré que nous le considérions comme étant en état de vagabondage et que nous l'arrêtions au nom de la loi. Sommé de nous dire ses nom et prénoms, sa profession et sa demeure, il a répondu qu'il se nommait... Nous avons trouvé sur lui (*mentionner les objets*), que nous avons provisoirement saisis, et nous l'avons conduit devant M. le maire.

---

(1) Le vagabondage est un *délit* qui est ainsi défini et puni par la loi:

Les vagabonds ou gens sans aveu sont ceux qui n'ont ni domicile certain, ni moyen de subsistance, et qui n'exercent habituellement ni métier ni profession.

Les vagabonds ou gens sans aveu qui auraient été légalement déclarés tels, seront pour ce seul fait, punis de trois à six mois d'emprisonnement. (*Art. 269 à 271 du Code pénal.*

Voir au mot *Mendiants*.

Le présent procès-verbal a été clos et signé par nous ledit jour, à... heure du...

VAINE PATURE.

(Voir : *Parcours.*)

VIGNES.

(Voir : *Ban de vendanges, Glanage.*)

VIOLENCES (1).

CVIII. — *Procès-verbal pour violences ou voies de fait exercées contre un garde-champêtre dans l'exercice de ses fonctions.*

Le... du mois de..., etc. (*comme au modèle n° 1*), nous ramenions des bestiaux que nous avions trouvés à l'abandon dans le champ du sieur..., au lieu dit..., pour les mettre en fourrière (*ou bien* : nous passions au lieu dit...), quand nous avons été assailli par (*rap-*

(1) Toute attaque, toute résistance avec violence ou voies de fait envers les gardes-champêtres, agissant pour l'exécution des lois, est qualifiée, suivant les circonstances, crime ou délit de rébellion. (*Art. 209 du Code pénal*).

La rébellion est un crime si elle est commise par une réunion armée, de plus de trois personnes, ou par plus de vingt personnes non armées. (*Art. 210 et 211 id.*)

La rébellion est un délit si elle est commise par une ou deux personnes, avec ou sans armes. (*Art. 212 id.*)

Tout individu qui, même sans armes, et sans qu'il en soit résulté de blessures, aurait frappé un garde-champêtre dans l'exercice de ses fonctions, ou à l'occasion de cet exercice, est passible d'un emprisonnement d'un mois à six mois. (*Art. 250, id.*)

Le procès-verbal, dans ces différents cas, doit être transmis au procureur impérial.

porter ici les circonstances de l'agression en suivant les indications de la note). Nous avons en conséquence dressé le présent procès-verbal qui a été clos et signé par nous ledit jour, à... heure du...

VISITE DOMICILIAIRE (1).

CIX. — *Procès-verbal d'une visite domiciliaire faite à l'occasion d'un vol de récoltes.*

Le... du mois de..., etc. (*comme au modèle n° 1*), nous avons vu un individu qui arrachait des pommes de terre (*ou* autres denrées) dans le champ du sieur..., situé au lieu dit...; à notre approche il prit la fuite emportant un sac dans lequel il avait enfermé ces légumes. Nous étant mis à sa poursuite, nous l'avons vu entrer dans une maison située à..., et nous avons reconnu alors que c'était le sieur (*nom, profession*). Nous nous sommes aussitôt transporté chez M. le Maire (*ou* l'adjoint) dont nous avons requis l'assistance pour la perquisition que nous avions à faire chez ledit sieur... Accompagné de ce magistrat, nous sommes entré chez

---

(1) Ainsi que nous l'avons expliqué page 15, les gardes-champêtres, en leur qualité d'officier de police judiciaire, doivent suivre les choses volées dans les lieux où elles auraient été transportées; mais il leur est interdit de s'introduire dans les maisons :

1° Sans l'assistance des fonctionnaires désignés dans l'article 16 du Code d'instruction criminelle; savoir : du juge de paix ou du commissaire de police, ou du maire ou de son adjoint ;

2° Pendant la nuit. Ce temps de nuit est ainsi réglé : du 1er octobre au 31 mars, depuis six heures du soir jusqu'à six heures du matin ; du 1er avril au 30 septembre, depuis neuf heures du soir jusqu'à quatre heures du matin. *Art. 1037 du Code de procédure civile, décret du 4 août 1806, bull. 110.*)

Il y a exception pour les auberges et autres lieux publics où les gardes-champêtres peuvent se présenter jusqu'à l'heure où ces établissements doivent être fermés d'après les règlements de police.

le délinquant et nous lui avons déclaré que nous allions, en présence de M. le Maire (*ou* de l'adjoint) faire dans sa maison la perquisition des pommes de terre qu'il avait dérobées dans la propriété du sieur... Par suite de cette perquisition nous avons trouvé dans une pièce du rez-de-chaussée (*ou* dans la cave) un sac renfermant des pommes de terre fraîchement arrachées et qui nous ont paru être de la même espèce que celles dont nous avions constaté l'enlèvement. Le sieur..., n'ayant pu justifier de la légitime possession de ces pommes de terre, nous en avons fait la saisie et les avons déposées entre les mains du sieur.., désigné par M. le Maire pour recevoir les objets mis sous le séquestre.

Le présent procès-verbal a été clos et signé par nous ledit jour, à... heure... du..

VOIES DE FAIT.

(Voir : *Violences*, *Rixes*.)

CX. — VOIRIE (GRANDE) (1).

Le... du mois de..., etc. (*comme au modèle n° 1*), nous trouvant sur la route impériale n°... (*ou* sur la route départementale de... à...), entre les bornes ki-

(1) La *grande voirie* a pour objet l'administration et la police des grandes routes, c'est-à-dire des routes impériales et départementales, ainsi que des rivières navigables et flottables, et des canaux. *La petite voirie* comprend toutes les autres voies de communication.

Les contraventions en matière de grande voirie sont les mêmes que celles qui concernent la petite voirie; seulement les premières sont en général jugées administrativement; les secondes sont, suivant les cas, de la compétence du tribunal de simple police ou du tribunal de police correctionnelle ou du Conseil de préfecture.

C'est par le décret du 16 décembre 1811, article 112, que les

lométriques n^{os}... au territoire de cette commune nous avons aperçu une voiture abandonnée (*ou* un dépôt de matériaux quelconques) qui obstruait la circulation ;

Ou bien : nous avons reconnu une anticipation consistant en une plantation d'arbres ou en une construction ;

Ou bien: nous avons reconnu qu'on réparait sans autorisation un ancien bâtiment bordant cette route ;

Ou bien : nous nous sommes aperçu qu'on avait comblé le fossé droit *ou* gauche (*ou* abattu des berges, bornes ou commis *telle autre* dégradation) ;

Ou bien : nous avons reconnu que l'on avait détérioré (ou arraché, ou coupé ou enlevé) des arbres au nombre de... (*essence et grosseur de ces arbres*) et dont nous avons évalué la valeur à...

Ou bien : nous avons aperçu des vaches (*ou* autres bestiaux) au nombre de... qui pâturaient sur les berges du canal de... (*ajouter s'il y a lieu :* nous avons estimé la valeur du dommage à la somme de....)

Ayant appris que l'auteur de cette contravention était

---

gardes-champêtres ont été compris dans le nombre des agents qui sont chargés de dresser des procès-verbaux de grande voirie.

Nous renvoyons à l'article *chemins communaux*, pour l'énumération des divers cas de contravention, et nous nous bornons ici à faire remarquer que les procès-verbaux de grande voirie doivent être transmis au sous-préfet, tandis que ceux qui concernent la petite voirie doivent être remis au maire, pour les contraventions punies de simple police, ou au procureur impérial pour les faits de la compétence du tribunal correctionnel, c'est-à-dire pour ceux qui sont punis d'une peine pouvant excéder cinq jours de prison ou 15 francs d'amende.

Les procès-verbaux de grande voirie doivent être soumis à la formalité de l'enregistrement dans les trois jours de leur date ou de leur affirmation, sous peine de nullité. (*Décret du 29 juillet 1854.*)

le sieur (*nom, profession, domicile*), nous lui avons fait observer qu'il était en contravention aux lois sur la grande voirie; il nous a répondu (*transcrire la réponse*); malgré ces allégations, nous avons conformément au titre 9 du décret du 16 décembre 1811, dressé le présent procès-verbal que nous avons clos et signé ledit jour à... heure du...

VOLS.

(Voir aux mots *Récoltes*, *Fruits*, *Visite domiciliaire*.)

VOLAILLES (1).

CXI. — *Procès-verbal pour abandon de volailles sur le terrain d'autrui* (§ 1 de la note).

Le.. du mois de.., etc. (*comme au modèle n° 1*), nous avons aperçu dans un champ de..., appartenant au sieur... et situé au lieu dit..., un troupeau de dindons (*ou* une certaine quantité d'oies ou de poules) qui s'y étaient introduits sans gardien et y causaient des dégâts. Ayant appris que ces volailles appartenaient au sieur (*nom, profession, demeure*) nous avons été lui signifier qu'il eût à exercer une plus grande surveil-

---

(1) L'abandon de la volaille sur le terrain d'autrui est un délit rural punissable d'une amende indépendamment du droit accordé au propriétaire du fonds de les tuer au moment du délit. (*Loi du 6 oct. 1797, tit. 2, art. 5 et 12.*

Mais celui qui tue, sans nécessité, une volaille ou tout autre animal domestique, sur un terrain appartenant au propriétaire de cet animal, commet un délit correctionnel passible d'un emprisonnement de six jours à six mois. — S'il y a eu violation de clôture, le maximum de la peine est prononcé. (*Art. 454 du code pénal.*)

lance sur ces animaux, et qu'en raison du fait ci-dessus relaté il se trouvait en contravention à la loi. Nous avons, en conséquence, dressé le présent procès-verbal que nous avons clos et signé ledit jour à . heure du...

CXII. — *Procès-verbal pour destruction de volailles sur le terrain de leurs propriétaires* (§ 2 de la note).

Le.. du mois de..., etc. (*comme au modèle nº 1*), nous avons surpris le sieur (*nom, profession, demeure*), au moment où il venait d'abattre d'un coup de fusil (*ou* à coup de pierres *ou* par tout autre moyen) un canard *ou* toute autre volaille) appartenant au sieur..., et qui se trouvait sur la propriété de ce dernier, au lieu dit... Nous avons immédiatement déclaré audit sieur (*nom du contrevenant*), qu'il était en contravention à la loi et que nous dresserions procès-verbal contre lui.

Clos et signé par nous ledit jour, à. . heure du . .

FIN.

TABLE ALPHABÉTIQUE

DES

MATIÈRES.

B.

C.

D.

E.

F.

G.

H.

I.

M.

N.

O.

P.

R.

FIN DE LA TABLE.

Metz. — Typographie de J. VERRONNAIS.

AGRICULTURE PRIMAIRE

OU

La Science agricole mise à la portée des enfants,

SUIVIE DE

NOTIONS D'ARBORICULTURE

LIVRE DE LECTURE

A l'usage des écoles rurales.

Par M. HALLEZ-D'ARROS,

Ancien Secrétaire Général de Préfecture,

Délégué cantonal, Membre du Comice agricole de Metz.

Un joli volume de 144 pages, cartonné,

Prix : 60 centimes.

Ouvrage couronné par la Société d'instruction élémentaire et autorisé par le Conseil impérial de l'instruction publique.

***Nota.** Les deux livres ci-dessus indiqués se trouvent chez tous les Libraires, et chez l'auteur, rue des Parmentiers, à Metz. Ils sont expédiés franco contre remise de leur prix en timbres-poste.*

ANNALES
ET JOURNAL SPÉCIAL
DES JUSTICES DE PAIX

RECUEIL

DE LÉGISLATION, DE DOCTRINE & DE JURISPRUDENCE

A L'USAGE

DES JUGES DE PAIX, SUPPLÉANTS ET GREFFIERS

Par M. J.-L. JAY.

Une livraison par mois. — 9 fr. par an

BULLETIN SPÉCIAL

DES

COMMISSAIRES DE POLICE

JOURNAL MENSUEL

DE LÉGISLATION, DE JURISPRUDENCE & DE DOCTRINE

Police Urbaine. — Police Rurale. — Police Administrative et Judiciaire, &c., &c.

Journal Mensuel. — 9 fr. par an

www.ingramcontent.com/pod-product-compliance
Lightning Source LLC
Chambersburg PA
CBHW071912200326
41519CB00016B/4577
9782019532338